实用幼儿教师礼仪教程

主编 杜克生 刘 红 赵永超

HIYONG YOUERJIAOSHI

IYI JIAOCHENG

中国石油大学出版社
CHINA UNIVERSITY OF PETROLEUM PRESS
山东·青岛

图书在版编目（CIP）数据

实用幼儿教师礼仪教程 / 杜克生，刘红，赵永超主编. --青岛：中国石油大学出版社，2022.7

ISBN 978-7-5636-7511-1

Ⅰ. ①实… Ⅱ. ①杜… ②刘… ③赵… Ⅲ. ①幼教人员－礼仪－幼儿师范学校－教材 Ⅳ. ①G615

中国版本图书馆 CIP 数据核字（2022）第 101414 号

书　　名：实用幼儿教师礼仪教程
　　　　　SHIYONG YOUER JIAOSHI LIYI JIAOCHENG
主　　编：杜克生　刘　红　赵永超
责任编辑：吕华华（电话　0532-86981537）
封面设计：赵志勇
出 版 者：中国石油大学出版社
　　　　　（地址：山东省青岛市黄岛区长江西路 66 号　邮编：266580）
网　　址：http://cbs.upc.edu.cn
电子邮箱：zyepeixun@126.com
排 版 者：青岛天舒常青文化传媒有限公司
印 刷 者：青岛北琪精密制造有限公司
发 行 者：中国石油大学出版社（电话　0532-86983560，86983437）
开　　本：710 mm×1 000 mm　1/16
印　　张：9.25
字　　数：142 千字
版 印 次：2022 年 7 月第 1 版　2022 年 7 月第 1 次印刷
书　　号：ISBN 978-7-5636-7511-1
定　　价：29.80 元

编审人员名单

主　　编：杜克生　刘　红　赵永超

副主编：王鹏超　陈洪琪　解自珍

参　　编：赵　贺　张译丹　岳芙瑶　潘广赫

主　　审：陈国琴　丁　政　邵士峰

前言
Preface

　　良好的职业礼仪是教师为人师表的重要标志。基于幼儿和幼儿教育的特殊性，幼儿教师讲究职业礼仪更具有特别重要的意义。所以，在幼儿教育专业开设"幼儿教师职业礼仪"课程，已经成为幼儿教育界的共识。为了帮助幼儿教育专业对学生进行系统的幼儿教师职业礼仪教育与训练，同时为在岗幼儿教师职业礼仪培训提供系统规范的培训教材，我们编写了《实用幼儿教师礼仪教程》。

　　本书内容除绪论外共分八章，这八章内容可以归纳为四个单元。第一单元为幼儿教师与幼儿相处礼仪，包括一日生活常规礼仪、幼儿游戏活动礼仪、师幼沟通礼仪、幼儿评价礼仪四章。第二单元为幼儿教师与家长相处礼仪，包括幼儿教师与家长个别联系沟通礼仪、家长会和家长开放日礼仪两章。第三单元为幼儿教师与同事相处礼仪，即第七章。第四单元为幼儿教师涉外交往礼仪，即第八章，实际上是考虑到涉外礼仪的特殊性，将上述三个单元中有关幼儿教师涉外礼仪的内容集中到一章进行讲解，为拓展性学习内容，目的是适应目前一些幼儿园中招有外籍教师及幼儿的实际情况。

　　本书内容经精心选编而成。第一，根据幼儿教师职业特点和职责范畴，不仅编排了幼儿教师应当遵循的职业礼仪准则与规范，提供了幼儿教师职业礼仪实践的参照，还编写了幼儿教师对幼儿以及幼儿家长进行礼仪指导的有关内容，具有很强的可读性、可借鉴性。第二，为了丰富课程内容，开阔学生视野，启发学生思考，为学生提供借鉴,不仅对有关章节内容在"礼仪"的基础上进行了适当延伸,还结合相关内容有机穿插了许多"内容拓展""示范案例""案例与分析""思考与讨论"等栏目,并在每章最后设有"思考与练习"。第三,教材内容除了紧扣幼儿教师职业特点外,还在继承优秀传统文化的基础上,大力弘扬时代精神,注意体现新时代幼儿教师职业礼仪特征。第四,教材整体逻辑紧凑,体例规范,行文风格注重语言简明、深入浅出、通俗易懂,突出体现了师范类尤其是幼儿教育师范类教材的风格。

本书在编写过程中,除书后列出的主要参考文献外,还参考了大量的论著、论文、课题以及网络资料,在此一并对其作者表示衷心感谢。

目录
Contents

绪　　论

"幼儿教师职业礼仪"是幼儿教育专业的一门全新课程。我们学习这门课程,首先要明确礼仪与职业礼仪的含义、幼儿教师职业礼仪的内涵及主要内容,明确幼儿教师学习与实践职业礼仪的意义,了解主要学习途径与方法。

一、礼仪与职业礼仪的含义

中华民族素有"文明古国、礼仪之邦"的美誉。据考证,我国的礼仪可以追溯到原始氏族公社举行的祭祀活动,此后逐步以各种形式渗透到人们的生产、生活当中。在奴隶社会,我国的礼仪得以逐渐完善,并形成了礼仪典章制度。春秋战国时期,以孔子、孟子为代表的思想家们比较系统地整理、阐述了我国的礼仪规范。此后,尤其是在汉代以后2 000多年的封建社会中,我国礼仪不断得以继承并完善,形成了一整套中国式传统礼仪。新中国成立后,确定了人人平等的新型人际关系,在继承优秀传统礼仪文化的基础上我国礼仪进入了崭新的历史时期。

 内容拓展

我国"礼学三著作"《周礼》《仪礼》《礼记》简介

《周礼》又称《周官》,相传为西周时期的著名政治家、思想家、文学家、军事家周公旦所著。《周礼》六官涉及社会生活的所有方面:天官主管官廷,地官主管民政,春官主管宗族,夏官主管军事,秋官主管刑罚,冬官主管营造。《周礼》所记载的礼的体系最为系统,既有祭祀、朝觐、封国、巡狩、丧葬等国家大典,又有如用鼎制度、乐悬制度、车骑制度、服饰制度、礼玉制度等具体规制,还有各种礼器的等级、组合、形制、度数等。许多制度仅见于此书,因而它尤其宝贵。

《仪礼》原名《礼》,汉朝人称为《士礼》,到了晋代称《仪礼》,对《礼记》而言又叫《礼经》,是儒家传习最早的一部书,相传作者为孔子。《仪礼》共十七篇,内容记载冠、婚、丧、祭、乡、射、朝、聘等各种礼仪,全是礼仪的详细记录,一般只记具体仪节,不讲礼的意义。

《礼记》又称《小戴礼记》《小戴记》,是先秦儒家有关各种礼仪制度的论著选集,其中既有礼仪制度的记述,又有关于礼的理论及其伦理道德、学术思想的论述。《礼记》据传是孔子的七十二弟子及其学生们所作,西汉礼学家戴圣编注。该书共二十卷四十九篇,大致可分为议论文、说明文、记叙文三种类型。《礼记》主要记载了先秦的礼制,体现了先秦儒家的哲学思想,如天道观、宇宙观、人生观;教育思想,如个人修身、教育制度、教学方法、学校管理;政治思想,如以教化政、大同社会、礼制与刑律;美学思想,如物动心感说、礼乐中和说等。

总结中华民族几千年来的礼仪实践与理论,总的来看,礼仪是人们在社会交往过程中形成并遵守的态度及言行准则与规范,是人们为了践行这些准则与规范而相应实施的约定俗成的习惯性仪式。可见,礼仪包括人际交往过程中的准则与规范及其表达的具体形式两大要素。

从不同的角度来看,礼仪的内涵往往不同。第一,从个人修养的角度来看,礼仪是一个人内在修养和素质的外在表现。第二,从人际交往的角度来看,礼仪是人际交往的方式、方法,尤其是习惯做法。第三,从社会生活的角度来看,礼仪是调节社会和谐、稳定与发展的一种手段与形式,是一个国家社会文明程度、道德风尚和生活习惯的反映。

另外,同学们在理解礼仪的内涵时,要注意比较礼仪与礼貌、礼节之间的联系与区别。礼貌是指人们在交往过程中相互表示友好、尊重的态度与言行等,是一个人道德修养水平在礼仪方面的外在表现。礼节是人们在社会生活中尤其在公共场合对人或事表示致意、问候、慰问、祝颂、哀悼，以及协助或照料等约定俗成的方式，是人们针对人或事惯用的礼仪形式。可见，礼貌和礼节都是礼仪在某个方面的外在表现。

依据不同标准，可以将礼仪分为各种不同类型。例如，根据礼仪使用的范畴，可以将其分为个人生活礼仪、社会交往礼仪、职业活动礼仪，分别简称个人礼仪、社交礼仪、职业礼仪。其中，职业礼仪是指职业从业者在职业活动过程中应当遵循的礼仪准则与规范，以及职业从业者践行这些准则与规范的外在表现形式。从职业从业者的内在修养来讲，职业礼仪是职业从业者必须具有的职业素养之一；从职业从业者的外在形象来看，职业礼仪是职业从业者必须具备的职业技能之一。

二、幼儿教师职业礼仪的内涵及主要内容

分析礼仪和职业礼仪的内涵，结合幼儿教师职业性质，幼儿教师职业礼仪是幼儿教师在整个幼儿保育和教育工作过程中应当遵循的礼仪准则与规范，以及幼儿教师践行这些准则与规范的态度、言论和行为。

由于幼儿教师在职业活动过程中，与幼儿朝夕相伴，与家长经常联系，与同事长期共事，所以幼儿教师职业礼仪应当包括幼儿教师与幼儿相处礼仪、与家长相处礼仪、与同事相处礼仪三大部分。

第一，幼儿教师与幼儿相处礼仪，包括一日生活常规礼仪、幼儿游戏活动礼仪、师幼沟通礼仪、幼儿评价礼仪。

第二，幼儿教师与家长相处礼仪，包括幼儿教师与家长个别联系沟通礼仪、家长会和家长开放日礼仪。

第三，幼儿教师与同事相处礼仪，包括同事之间的称呼礼仪、与一般同事相处之道、与领导相处之道、教研活动礼仪。

本课程上述各部分具体内容如下：

第一，学习、讨论幼儿教师应当遵循的职业礼仪准则与规范，提供幼儿教师职业礼仪实践的参照，还涉及幼儿教师如何对幼儿甚至家长进行礼仪指导的有关内容。

第二，为了丰富课程内容，开阔学生视野，启发学生思考，为学生提供

借鉴,对有关章节内容在"礼仪"基础上进行了适当延伸,结合相关内容有机穿插了许多"内容拓展""示范案例""案例与分析""思考与讨论"等栏目。

第三,考虑到涉外礼仪的特殊性,将有关幼儿教师涉外礼仪集中作为一章进行讲解。

全部学习内容除了紧扣幼儿教师职业特点外,还在继承优秀传统文化的基础上,大力弘扬时代精神,注重体现新时代幼儿教师职业礼仪特征。

三、幼儿教师学习与实践职业礼仪的意义

幼儿教师学习与实践职业礼仪,可以提高自身职业礼仪修养,提升自身职业形象品味,建立良好的人际关系,塑造幼儿的美好形象,从而更好更快地提高保育和教育工作质量。

1. 提高自身职业礼仪修养

从上面"幼儿教师职业礼仪的内涵及主要内容"可以看出,幼儿教师职业礼仪与幼儿教师的全部工作息息相关,如果幼儿教师能够认真学习、感悟、练习本课程所涉及的有关职业礼仪,并能做到理论与实践相结合,紧密结合实习与工作实际,自觉应用所学习的职业礼仪准则与规范,就一定能够较快提升个人在职业礼仪方面的修养。而这种修养的提升,往往既包括自身仪容仪表与态度、语言、行为等外在表现水平的提升,又包括自身文化修养、精神气质、思想境界等内在品格的提升,这是因为礼仪是一个人内在品格的外在表现,一个人的内在品格修养与外在礼仪修养往往是相互关联、相互促进的。

2. 提升自身职业形象品味

幼儿教师职业礼仪修养的提升,与自身职业形象的塑造具有十分密切的关系。这是因为,形象是一个人在周围人尤其是与其打交道的人的心目中形成的综合性、系统性的印象。一个人对外部呈现出何种形象,最基本的是由其展示出的仪容仪表以及态度、言行等礼仪素养所决定的。

一个人能自觉在职业活动过程中实践应有的礼仪准则与规范,表现出高雅的气质、不俗的风度,就一定能提升自身职业形象品味,进而塑造自身良好的职业形象。例如,穿着讲究礼仪的人,给人以高雅的形象;言谈讲究礼仪的人,给人以文明的形象;举止讲究礼仪的人,给人以端庄的形象。总之,一个讲究礼仪的人,会塑造自身的美好形象,从而使自己充满人格魅力。

毋庸置疑,幼儿教师通过学习与实践职业礼仪,可以提升自身职业礼仪修养,塑造自身美好职业形象,使自身充满人格魅力,就会在幼儿、家长和同事当中具有很高的美誉度与亲和力,进而树立起自己的威望。幼儿教师的美誉度、亲和力及威望一旦形成,就会凝聚巨大的力量,极大地促进自己所承担的保育和教育工作质量的提高。例如,单从幼儿角度来讲,正如古人所言,"亲其师,信其道",幼儿教师在幼儿心目中美誉度高、亲和力强和有威望,就会给幼儿留下美好的第一印象,从而拉近和幼儿之间的距离,对幼儿的引导、指导、要求更容易被幼儿接受,从而促进我们更好地完成保育和教育任务,更快地提高保育和教育质量。

3.建立良好的人际关系

礼仪是人际交往的前提条件。人们在交往之初,由于双方彼此不是十分了解,必然会产生一些戒备心理或距离感,此刻如果交往双方都能做到对他人施之以礼,以真诚、平等、尊重、守信的文明精神和言行对待他人,必然会赢得对方的好感和信任,从而消除相互之间的心理隔阂,拉近双方的距离,为进一步交往创造良好开端。可以说,礼仪是人际关系的润滑剂,它以其丰富而又文明的内涵在人们的交往中起着协调作用,促使个人与个人、个人与集体、集体与集体之间建立起相互尊重、理解、信任、友好、互助的良好氛围和融洽、和谐的关系。随着人类生活的社会化程度提高,礼仪调节社会生活交往的作用越来越突出。

无论是幼儿、家长还是同事,都喜欢和仪表不失端、谈吐不失礼、举止不出格、交往不失态、文明礼貌、尊重他人的教师交往。幼儿教师学习与实践幼儿教师职业礼仪,非常有利于自身与幼儿、与家长、与同事良好人际关系的形成与改善,可为开展保育和教育工作创造良好的氛围,促进自身所承担的保育和教育工作更加顺利地开展,更好更快地提高保育和教育工作质量。

4.塑造幼儿的美好形象

塑造幼儿的美好形象,既要通过幼儿教师对幼儿的熏陶影响,又要通过幼儿教师对幼儿的教育指导,还要借助家长的配合。

（1）幼儿教师的熏陶影响

幼儿的年龄特点和心智发育水平决定了其爱好模仿、有样学样,而幼儿眼中的教师就是他们模仿的对象。所以,在和幼儿朝夕相处的过程中,幼儿教师的仪容仪表、言谈举止、待人接物方式,最容易成为幼儿学习效仿的榜样,正所谓"身教胜于言传"。"近朱者赤",作为一名幼儿教师,努力学习并自觉实践幼儿教师职业礼仪,风度儒雅、举止文明、作风优良,甘当为人师表的模范,就一定能用自己的美好形象给幼儿带来美好的启迪,美化幼儿心灵,影响幼儿人格,熏陶幼儿品行,塑造幼儿的美好形象。

（2）幼儿教师的教育指导

礼仪教育是幼儿基本素质教育的重要内容,而要对幼儿进行积极、规范的礼仪教育,幼儿教师首先要明礼、讲礼。从这一角度来讲,幼儿教师职业礼仪是幼儿教师必须具备的职业能力之一。幼儿教师只有掌握了积极、规范的礼仪知识与技能,才可以培养幼儿明礼、讲礼,塑造幼儿的美好形象。

（3）通过影响和指导家长,促进家庭礼仪教育

幼儿教师对家长的影响与指导是塑造幼儿美好形象不可忽视的一个因素。这是因为幼儿教师经常和幼儿家长联系、沟通和交流,明礼、讲礼的幼儿教师不仅可以通过自身的良好礼仪形象影响幼儿家长,还可以利用家园合作机会,有针对性地对幼儿家长进行礼仪指导,提升幼儿家长礼仪水平,从而促进家长更好地影响和教育幼儿明礼、讲礼,使家庭教育和幼儿园教育相向而行,形成合力,促进幼儿美好形象的塑造。

四、幼儿教师学习职业礼仪的途径和方法

1.系统学习职业礼仪基础知识

像上面"二、幼儿教师职业礼仪的内涵及主要内容"中所讲的那样，"幼儿教师职业礼仪"作为一门课程，有其系统的学科体系，包括幼儿教师职业生涯过程中与幼儿、与家长、与同事交往应当遵循的职业礼仪准则与规范，以及幼儿教师对幼儿甚至家长进行相关礼仪指导的一系列内容。系统地学好"幼儿教师职业礼仪"课程，是提升自身职业礼仪素养的前提。

2.自觉做到理论联系实际

"幼儿教师职业礼仪"是幼儿教育专业实践性很强的一门专业课程，所以，学习过程中自觉贯彻"理论联系实际"的原则尤其重要。

在学习幼儿教师职业礼仪的过程中，贯彻"理论联系实际"的原则主要包括两个方面：第一，自觉将所学理论知识应用到生活与工作包括实习过程中，用所学理论指导实践，同时，通过实践加深对理论的理解并巩固所学理论知识；第二，在生活与工作实践过程中自觉向身边讲究职业礼仪的榜样学习，完善自己所学习的职业礼仪有关理论，更好、更快、更高、更全面地提升自身职业礼仪素养。

希望同学们认识到学习与实践幼儿教师职业礼仪的重要性，系统学好职业礼仪基础知识，并紧密结合生活与工作实际，自觉应用所学习的幼儿教师职业礼仪知识，不断提升自身职业礼仪素养，尽快成长为幼儿热爱、家长尊重、同事喜欢的优秀幼儿教师。

思考与练习

1.说说您对下列观点的看法：

（1）幼儿太小，不懂事，教师不需要在幼儿面前讲究礼仪。

（2）幼儿太小，不懂事，没有必要在礼仪方面对其进行要求，也没有必要从礼仪方面对其进行培养。

2.说出下列格言的出处及其所表达的含义。

(1) 凡人之所以为人者,礼仪也。

(2) 言传身教。

(3) 近朱者赤,近墨者黑。

3.幼儿教师学习与实践职业礼仪具有哪些重要意义?

4.你计划如何学好幼儿教师职业礼仪?

第一章

一日生活常规礼仪

本章导引

　　幼儿园是幼儿生活的家园、学习的场所。幼儿从入园到离园的一日活动,相对来讲主要包括两大类:保育活动和教育活动。其中,保育活动主要指生活活动,尤其是日常生活常规活动。幼儿从入园到离园的一日生活常规活动主要包括入园、晨检,如厕、盥洗,进餐、午休,离园,等等。

　　教师在组织幼儿从入园到离园的一日生活常规活动过程中,要遵守相应的礼仪规范,并不断提升自身礼仪素养,以积极的态度、文明的言行给幼儿以正确的示范和影响;要对幼儿进行相应礼仪规范的具体指导,培养幼儿的良好生活和文明卫生习惯。我们将这些内容统称为幼儿教师在幼儿一日生活常规中的礼仪,简称一日生活常规礼仪。

第一节　入园、晨检礼仪

　　幼儿入园,是幼儿在园一日生活的开始环节,也是幼儿一天中离开家庭进入幼儿园集体的过渡阶段。俗话说,好的开始等于成功的一半。搞好幼儿入园及晨检等环节的有关活动,对于稳定幼儿情绪,调动幼儿在园生活积极性,进而引领幼儿愉快度过在园一日的生活,具有十分重要的作用。

一、入园

1.入园前的准备

做好幼儿入园工作,要从迎接幼儿入园前的准备开始。

幼儿入园前,教师的准备主要包括两个大的方面:

第一,教师要在幼儿入园前,与幼儿家长做好沟通,提醒幼儿家长做好相关准备。例如,入园幼儿要着装舒适,清洁卫生;按照要求带齐所需生活和学习用品;不带零食及危险品;确保幼儿按时入园,不在入园过程中吃零食;若有特殊情况,需及时告知老师。

第二,教师要在幼儿入园前,做好有关的自身准备工作。例如,整理好自身仪容仪表;按照园所要求的时间到园;提前整理好园所,包括打扫教室卫生,开窗通风;做好幼儿入园接待的其他相关准备工作。

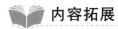 **内容拓展**

教师在组织幼儿活动过程中的基本礼仪要求

第一,时刻注意自己的仪表和身姿,做到得体大方、和蔼可亲、文明优雅。即使在批评幼儿的时候,也不表露出夸张的表情,以免使幼儿受到惊吓。

第二,时刻注意自己的语气和措辞,做到语气既活泼又轻柔,措辞既简单又明了,且容易被幼儿接受。

2.入园

幼儿入园时,教师要以和蔼的态度亲切地接待幼儿和家长,礼貌地向幼儿家长和幼儿问好。同时,要引导幼儿遇到本班小朋友或其他班级认识的小朋友时问声"早上好"。

对于有特殊情况的幼儿,教师更要耐心、细心地与其家长做好交接工作,尤其是要做好个别不愿入园幼儿的安抚工作。例如,抓住甚至创造机会转移这类幼儿的注意力,让幼儿发现如果能留在幼儿园,会很有乐趣,从而忘记要来幼儿园时产生的不愉快,较快融入幼儿园生活当中。

和幼儿家长交接完毕,教师除了自己和幼儿家长道别外,还要引导幼儿和家长道别,让他们对家长说"谢谢××来送我""××再见"。

思考与讨论

请同学们说说自己对以下做法的看法。

有的教师认为,对于反复表现出不愿入园情绪的幼儿,教师可以表现出生气的情绪,让幼儿知道"再哭老师就不喜欢你了",甚至可以给幼儿一点儿下马威——"再闹老师就把你关进小黑屋"。

二、晨检

1.晨检的主要内容及其重要性

晨检即晨间检查,内容主要包括检查幼儿身心健康状况、仪容仪表清洁卫生情况、携带物品是否安全等。

晨检是幼儿园一日生活的重要组成部分,是排查幼儿健康问题、安全隐患,预防疾病传播,从而保护幼儿健康的重要措施。

2.晨检各步骤具体内容

严格来讲,晨检包括以下三个步骤。

第一步,幼儿园晨检。这一步晨检在幼儿园大门口进行,主要由幼儿园值班领导、教师和门卫负责。幼儿进入幼儿园时必须测量体温,经确认体温正常,用稀释的免洗消毒液进行手部消毒后方可进入幼儿园。对于不乐意洗手的幼儿,值班人员要耐心劝导,指导甚至帮助其完成洗手环节。

第二步,教学楼晨检。这一步晨检在幼儿园教学楼门口或大厅进行,由幼儿园保健医生和值班教师负责。主要内容为查看幼儿精神状况是否健康,外露部分的皮肤以及口腔是否患有皮疹、疱疹等。检查时注意不要用手接触幼儿,对口腔等部位的检查可以示范引导幼儿自行动作,值班人员仔细观察。

第三步,班级晨检。这一步晨检在幼儿所在班级的教室进行,由班级值班教师负责。在教室内,值班教师首先要进行晨间点名,并根据班级花名册做好记录。点名方法有多种,具体参见下面的"内容拓展"。对于未入园且未请假的幼儿,需要及时与其家长联系,明确原因。在做好点名工作的基础上,利用对本班幼儿比较熟悉的有利条件,进一步观察班级幼儿的精神状态及面色等是否出现反常状况。

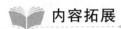 **内容拓展**

班级晨检巧点名

传统的点名方式,一般是被点名的人听到负责点名的人叫到自己的名字时答"到"。这种方式如果反复使用,会使人渐生枯燥感,对特别喜欢新鲜事物的幼儿来说尤其如此。有鉴于此,教师在班级晨检点名时,要交叉使用多种方式。例如,采用传统的点名方式时,除了教师直接点名,还可以采取幼儿轮流值日点名的方式(值日小班长点名);让幼儿自报姓名,教师对照花名册记录。对于新组建的班级,还可以采取自我介绍式的点名方式。例如,让幼儿在说出自己的名字后,说说自己的爱好、特长等。有的教师在组织班级幼儿点名的同时,把自己也列入被点名的对象,以和幼儿同样的方式被点名,这不仅让幼儿更好地熟悉自己,同时还能调动幼儿参与点名的积极性。

3.晨检人员应当注意的其他问题

整个晨检过程中,负责晨检的人员态度要和蔼,语气要亲切,耐心引导幼儿乐于参与、积极配合晨检。

晨检过程正是幼儿集中入园的过程,尤其是班级晨检,几十名幼儿已经集中到一间教室中,所以,负责晨检的人员既要注意营造愉悦的氛围,又要注意维系井然的秩序,以保障晨检顺利进行。当出现幼儿不愿意配合晨检的情况时,要注意耐心引导、劝导、示范,切忌训斥幼儿,强行晨检。

不论哪一个步骤的晨检,一旦发现问题,切不可当着幼儿的面大惊小怪,更不可采取简单粗暴的方式方法草率处理。要根据问题大小和有关规定及预案及时妥善做出处理并做好记录、存档。应当和家长联系的问题一定要及时和家长联系,应当向上级报告的问题一定及时向上级报告。

思考与讨论

有人说,不被幼儿发现的检查和处理问题的方式最能被幼儿接受。你是如何理解这一观点的?

三、晨间活动

应当说明的是,晨间活动严格来讲并不属于幼儿在园一日生活常规活动,考虑到它既可以幼儿集体活动的形式开展,更重要的是又可作为幼儿自由活动,这部分内容单独安排在第二章或第三章中都不适合,所以在这里概括加以介绍。

思考与讨论

为什么说晨间活动严格来讲不属于幼儿在园一日生活常规活动?

班级晨检结束后,幼儿开始晨间活动。晨间活动主要在教室或活动室进行。晨间活动的形式与内容:除了值日幼儿(值日生)要先开展好值日相关活动外,一般多是幼儿自由选择活动即自选活动。

教师在晨间活动过程中要做到以下几个方面:

第一,结合近期正在开展的主题活动,提供足量的晨间活动材料,并按区域分类摆放。

第二,结合幼儿兴趣爱好,引导幼儿自由选择活动材料及活动项目。

第三,主动而又自然地参与到活动中,根据幼儿需要,适时以活动参与者的身份耐心、细心地给幼儿提供科学指导。

第四,活动结束后,以师幼相互讨论的方式做出以表扬、鼓励为主的针对性讲评,组织幼儿整理好玩具及材料并放回原处。

第五,整个活动过程包括整理摆放玩具及材料时,都要时刻注意巡视,关注所有参与活动的幼儿的安全。

案例与分析

藏起来的珠子

案例:春芽幼儿园中三班新来了一位小朋友妞妞,主班老师王老师热情地把妞妞介绍给班里的小朋友们,并嘱咐大家和妞妞彼此要做好朋友。听话的娇娇主动和妞妞打招呼,两个小朋友很快就熟悉起来,当天下午在一起玩游戏,离园时还相互道别。可那天晚上正当王老师为妞妞能够迅速融入小朋友当中而高兴的时候,妞妞妈妈打来了电话,说妞妞下午从幼儿园回家就嚷着耳朵疼,她赶紧带妞妞去医院,医生发现妞妞耳朵里被塞进一颗小珠子,幸亏塞得不深,借助仪器取了出来。

医生在给妞妞取珠子的过程中询问妞妞具体情况,原来是妞妞在和娇娇一起玩的时候,看到娇娇衣服上装饰的小珠子很好玩,娇娇就大方地扯下来一颗送给妞妞。妞妞把珠子塞到耳朵里,还对娇娇说:"先保存在耳朵里,放学后回家再取出来。"

分析:幼儿园晨检人员一般会认真检查幼儿是否携带危险物件,但是很容易忽视幼儿衣服上的装饰品。其实,有些装饰品同样具有安全隐患。所以,幼儿教师要提醒家长,尽量给幼儿穿戴款式简洁、舒适安全的衣服,尤其不能让幼儿穿戴带有存在安全隐患的装饰品的衣服。

第二节　如厕、盥洗礼仪

幼儿在园一日生活活动中,如厕和盥洗不仅是进行次数较多的生活环节,对于幼儿来说还是比较复杂甚至具有挑战性的生活活动。培养幼儿学会科学如厕和盥洗,形成良好的如厕和盥洗习惯,对于保障幼儿身心健康具有特别重要的意义。

一、如厕

? 思考与讨论

"如厕"为什么不说成"入厕"?

1.如厕时间的引导

教师要引导全班幼儿有规律地如厕。例如,在班级晨检后、晨间活动后、集体活动前后、用餐前、午睡前后、离园前,都要提醒班级幼儿如厕。

具体到班级中每个幼儿,教师要说明白,出现便急情况时可以随时告诉老师。不能限制幼儿如厕次数,更不能为了减少幼儿如厕次数而限制幼儿喝水。

2.如厕方法的指导

具体指导幼儿如厕是较为烦琐的过程,教师一定要耐住性子,细心做好以下几个方面:

第一,指导幼儿识别男女厕所标志。

第二,集体如厕时,引导幼儿自觉排队。如个别幼儿出现紧急情况,则可特殊处理。

第三,指导幼儿正确解褪衣裤以防止衣裤弄湿,大便后使用手纸自前向后擦屁股,整理衣裤恢复如厕前的样子,将马桶冲洗干净,采用下面"二、盥洗　2.盥洗方法的指导"介绍的科学方法洗手。

3.其他应当注意的问题

为了让幼儿尽快掌握如厕方法,养成良好的如厕习惯,除了做好如厕时间的引导和如厕方法的指导外,教师还要注意以下几个方面的问题:

第一,创设良好的如厕环境,保证厕所清洁、空气流通。

第二,对于个别拉、尿裤子的幼儿,应当保护其自尊心,采取有技巧的方法个别处理。不能粗鲁对待幼儿,也不能取笑幼儿。

第三,留心观察幼儿大便情况,发现异常及时与保健医生和家长联系。

教师通过耐心细致的指导与引导,使幼儿逐步学会大小便自理,而且在大小便出现异常时能够主动告诉老师。

 内容拓展

幼儿拉裤子,教师巧处理

不动声色。 教师要养成细心观察的习惯,一旦有幼儿拉裤子,能凭借职业敏感立即发现。如果是在集体场合,教师要装作若无其事的样子找理由把幼儿引领出去。即使是其他小朋友先发觉了该幼儿拉裤子,教师也不要表现得过于在意,而是尽可能地缩小知晓范围。如果拉裤子的幼儿表现出难为情甚至紧张情绪,教师要态度亲切地宽慰幼儿。例如,一句"老师上幼儿园的时候也拉过裤子",就能迅速拉近师幼距离,很快消除幼儿害羞甚至恐惧的心理。

点面兼顾。 一旦有幼儿在集体场合拉裤子,教师既要把拉裤子的幼儿安排好,同时又要想办法把其他幼儿安排好,以避免管理缺位。

注重细节。 幼儿园要常备卫生纸、温水、毛巾和替换衣服。一旦有幼儿拉裤子,教师要熟练地为幼儿脱衣服、擦屁股、洗屁股、换衣服,而且达到轻、快、温、爽四点要求,即动作轻柔,迅速利落,如果是冬天要保证室温、手温、水温、毛巾温、替换衣服温,操作完成后要保证幼儿干爽舒适。如果在个别场合出现幼儿拉裤子现象,通过以上操作也就处理妥当了。如果在集体场合出现个别幼儿拉裤子的现象,通过以上操作处理妥当后,教师要找合适的理由让幼儿回归集体,并在家长来接幼儿时和家长单独交流。交流的目的既不是向家长告状,又不是责备家长,而是向家长通报事情已经妥善处理。教师和家长可以相互交流以后尽可能防止幼儿拉裤子的方式方法。

防患未然。 对于幼儿拉裤子的情况,教师要留心关注,在弄清原因的基础上采取适当措施尽可能规避。假如幼儿这方面水平欠缺,教师要教会其如厕;假如幼儿缺少时间观念,教师要提醒其定时如厕;假如幼儿身体不适,教师要立即带其看医生并及时通报家长。总之,尽量通过各种努力防患于未然。

二、盥洗

？思考与讨论

从"盥"字的组成与结构能够看出"盥"字的哪些含义？

1.盥洗时间的引导

教师要教育幼儿保持手、脸、口腔始终清洁。为了实现上述目标，要引导幼儿养成在饭前、便后、活动以后洗手，饭后用温开水漱口的习惯。个别幼儿出现特殊情况，如弄脏手或脸时，要及时盥洗。

2.盥洗方法的指导

以洗手为例，目前严格的做法是采用如图1-1所示的七步洗手法。

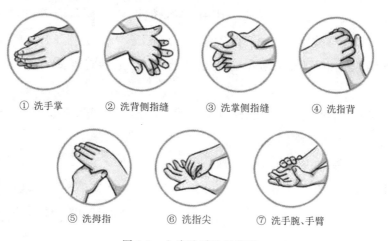

① 洗手掌　　② 洗背侧指缝　　③ 洗掌侧指缝　　④ 洗指背

⑤ 洗拇指　　　⑥ 洗指尖　　　⑦ 洗手腕、手臂

图1-1　七步洗手法示意图

上述七步洗手法中，每一个动作的时间至少需要15秒，其中，②③④⑤⑥⑦各步，左、右手需要交替进行，因此，以上六步至少各需要30秒。

教师在指导幼儿采用上述七步洗手法洗手的过程中，第①步"洗手掌"之前，要指导幼儿学会卷好袖子；拧开水龙头，用较小的水流将手打湿；关上水龙头，取适量洗手液，均匀地涂抹在双手手掌、手背、指缝、指尖。第⑦步"洗手腕、手臂"之后,要指导幼儿学会打开水龙头,用较小的水流从手腕往指尖处冲洗干净;关上水龙头,将手在水池内轻轻甩两下,以使手上不向下流水;用自己的毛巾把手擦干。

思考与讨论

在新冠肺炎疫情发生以前,一般场合采用"六步洗手法"。请同学们通过查找资料,比较"六步洗手法"和"七步洗手法"的区别。

3.其他应当注意的问题

为了让幼儿尽快学会盥洗方法,形成良好的盥洗习惯,除了进行盥洗时间的引导、盥洗方法的指导外,教师还要注意做到以下几个方面:

第一,采用幼儿喜闻乐见的方式方法,经常性地向幼儿宣传良好的盥洗习惯对幼儿的积极作用,调动幼儿自觉盥洗、主动盥洗的积极性,促进幼儿良好盥洗习惯的养成。其中,提倡创设科学而具有童趣的盥洗环境,如将清洁与健康以及爱好清洁、科学盥洗、节约用水的有关内容,用幼儿喜闻乐见的图画挂贴在幼儿盥洗的地方,是经过实践检验行知有效的做法。

第二,集体盥洗时,组织幼儿有序地盥洗,对于大、中班幼儿,还可以指导值日生检查盥洗结果。

第三,多数幼儿喜欢玩水,所以,盥洗过程中教师要注意引导幼儿不要随地洒水,不要向小伙伴身上洒水。事实上,即使教师事先已经提醒,往往还会有幼儿这样做,这时教师要表现出耐心,使用教育技巧,科学引导幼儿节约用水,注意安全。

第四,若幼儿盥洗过程中把地面等公共环境弄脏或把衣服等个人物品弄湿,教师要及时清洁、整理,消除安全隐患,尤其要防止幼儿在湿滑地面摔倒,防止幼儿因穿着大面积湿凉的衣服而着凉生病。

第三节 进餐、午休礼仪

进餐除了能为幼儿的活动提供能量外,更重要的是能为幼儿的身心发展提供营养保障。午休可以调整幼儿的身心机能,从而为下午开展活动做好身心准备。

一、进餐

以往,幼儿在园进餐主要包括午餐(也称正餐),上午、下午各一次加餐(也称点心)。目前,许多幼儿园还为幼儿准备早餐。我们主要以指导幼儿在园午餐为代表进行学习,便于为大家提供比较系统的借鉴。

1.进餐以前

做好进餐前的准备,是保障幼儿顺利进餐的基础。

第一,进餐前 30 分钟(吃点心前 15 分钟)不组织幼儿开展大运动量的活动。

第二,营造愉快、安静的进餐环境。

第三,提醒有需要如厕的幼儿及时如厕。

第四,组织幼儿洗手。

第五,组织幼儿入座。

第六,组织幼儿分餐具,如匙子、筷子(大、中班幼儿)、碗、盘、残渣盘(可以共用)等。中班及以上尤其大班幼儿,可以协助老师分餐具。

第七,向幼儿介绍当餐饭菜的品种和营养价值,以激发幼儿的食欲。对有的饭菜,教师要向幼儿介绍甚至演示其食用方法。

2.进餐过程中

幼儿进餐过程,是整个进餐活动的主要阶段,这一阶段教师应当注意以下三个方面:

第一,指导幼儿正确使用餐具。例如,使用匙子尤其是使用匙子喝汤时,要指导幼儿一手拿匙子,一手扶住碗。

第二,引导、帮助幼儿形成良好的进餐习惯。例如,饭菜搭配,细嚼慢咽,不吃汤泡饭;不呲嘴,不喧哗,不边吃边玩,不随便用手抓饭菜;将餐余垃圾放入残渣盘,不乱撒饭菜,更不随便倒饭菜;不挑食,没有特殊情况不剩饭菜。

第三,注意照顾特殊幼儿的用餐,不能搞一刀切。例如,对于用餐较慢的幼儿,不能要求其用餐时间和其他幼儿一样。尤其冬天更要照顾用餐慢的幼儿,预防他们由于吃得太慢而吃冷饭。

思考与讨论

挑食是幼儿日常生活中的常见现象,如何避免和纠正幼儿挑食是教师和家长面临的共同难题。请大家各抒己见,奉献绝招妙方。

3. 进餐以后

教师在幼儿进餐后,要注意以下三个方面:

第一,要提醒幼儿轻放板凳或椅子,将餐具包括残渣盘送到指定位置,视情况组织幼儿力所能及地打扫餐厅其他方面的卫生。

第二,指导幼儿餐后漱口、擦嘴,必要时提醒幼儿餐后洗手。

第三,进餐后30分钟(吃点心后15分钟)不组织幼儿开展大运动量的活动。

4. 教师需要特别注意的问题

对于幼儿的进餐,教师尤其要注意以下两个方面:

第一,思想上高度重视幼儿进餐。正像本节开始说的那样,进餐为幼儿的活动及身心健康发育提供了保障,对幼儿具有特殊重要的意义,所以,教师一定要从思想上高度重视幼儿的进餐。

第二,努力为幼儿营造愉快、安静、安全的进餐环境。例如,在实际指导幼儿进餐过程中,态度和蔼,耐心细心,方式方法易于被幼儿接受。那些板着脸批评幼儿,对幼儿发脾气,甚至导致幼儿不能顺利用餐的做法是绝对不被允许的。再如,除了主食、副食及餐具等符合国家营养安全卫生标准外,还要及时处理出现的异常情况,做好记录并按规定及时上报。

二、午休

1.睡前准备

教师在幼儿午睡前要注意以下方面:

第一,要营造安静、适宜的睡眠环境。例如,除了注意避免室内外的噪声,还要注意室内温度、光线的控制。

第二,要提醒幼儿如厕,如厕幼儿较多时要加以组织。

第三,要引导幼儿安静地进入寝室,找到各自床位。

第四,要指导甚至帮助幼儿有序脱、放外套和鞋袜。

第五,要检查幼儿床铺、身上是否存在安全隐患。如存在安全隐患,要及时消除并做好记录;发现较大安全隐患时要按规定及时上报。

？ 思考与讨论

通常在幼儿园的集中午睡前,总有些幼儿有说不完的话、办不完的事,还有些幼儿要玩耍甚至吵闹一阵。如何才能处理好这些问题,让幼儿按时午睡?请大家集思广益,说说各自的良方妙招。

2.睡中照料

幼儿午睡过程中,要确保有专门的值班教师巡视、照料,并做到:

第一,纠正个别幼儿的不科学睡姿,如趴卧、蒙头睡觉等。

第二,帮助个别幼儿盖好被褥。

第三,照顾好个别入睡困难或有其他特殊需要的幼儿。

第四,及时发现并正确处理不安全因素。

第五,做好值班记录,有关事项应按规定及时上报。

值班教师在巡视、照料过程中要注意以下几个方面:

第一,要始终在现场巡视、照料,确有应急情况需要离开现场时,必须事先安排好交接人员并做好交接班。

第二,要做到专心、细心、耐心地巡视、照料。例如,不看书看报,不坑手机,不干私活,不打盹睡觉;及时发现、处理有关情况,而且要做到轻声细语,尽量不打扰正在午睡的幼儿;对于个别入睡困难或有其他特殊需要的幼儿,尽心尽力给予引导、指导、帮助;对个别暂时确实不午睡的幼儿,安排其到活动角选择自己喜欢的活动,引导其安静地玩耍。

思考与讨论

你能说出几首婴幼儿催眠曲的名称吗? 你是否能弹奏或者哼唱这些曲子?

3.睡后指导

教师在幼儿午睡结束以后,第一,以《起床操》唤醒幼儿,提醒幼儿起床。第二,指导幼儿穿好衣服,整理自己的床铺。如个别幼儿确有需要,教师要给予帮助。第三,引导、组织幼儿有序地进行盥洗、喝水、吃点心(加餐)等相关环节。第四,在进行以上几个环节的过程中,留意观察所有幼儿午睡后的健康状况,若发现异常及时与医务等相关人员联系、处理。

思考与讨论

学过本节内容以后,你如何看待民间"吃不言,睡不语"的俗话?

第四节　离园礼仪

离园是幼儿在园一日生活的结束环节,也是幼儿一天中离开集体、进入家庭的过渡阶段。教师精心组织幼儿做好离园前的准备,顺利完成与家长的交接与交流,才能愉快地结束一天的工作。

一、离园前的准备

幼儿离园前的准备主要包括四个方面:

第一,需要带回家的物品的检查与整理。

第二,在园一日生活所用幼儿园物品包括公共物品的检查与整理。

第三,教室、活动室等的环境卫生的检查与整理。

第四,个人卫生包括仪容仪表的检查与整理。

临近离园时,幼儿可能出现情绪不稳定的现象,导致忙乱准备而出错,以至于忘记自己需要带回家的物品,或者拿错其他幼儿的用品。所以,在整个离园准备过程中,教师要注意以下方面:

第一,采取针对性的措施稳定幼儿的情绪。例如,可以引导幼儿对个人当日在园表现进行总结,教师讲评过程中启发每个幼儿发现自己的长处,找到自己的进步之处,使幼儿肯定自己在园一日的表现,从而调动幼儿在园接受保育和教育的积极性。

第二,组织、引导幼儿按照上述离园前的准备顺序逐项进行检查与整理。

第三,在每个项目的进行过程中,做好巡视、提醒、指导、评估。例如,在上述第二个项目的检查与整理过程中,要引导幼儿检查自己所用幼儿园物品是否有损坏,是否都放回原处;在上述第四个项目的检查与整理过程中,要引导幼儿检查自己的衣服是否穿戴整齐,手、脸、衣服是否清洁卫生。以此确保所有幼儿整理无死角,完成质量好。

第四,上述检查与整理工作结束后,如果还有空余时间,则组织幼儿开展自选活动,等待家长来园接、领。这也是稳定幼儿情绪的重要措施。

二、与家长的交接

教师与幼儿家长交接过程中要注意:

第一,严格确认来园接、领幼儿的家长的身份,严防幼儿被陌生人接走。

第二,做好特殊幼儿,如生病及在园期间出现其他异常情况幼儿的交接。

第三,根据需要,和相关家长就幼儿在园表现、家长需要配合的方面、家庭教育方式方法等开展有关交流,也可以就前一阶段幼儿园、班级对幼儿保育和教育的实施以及今后一个阶段的保育和教育计划等向家长征求意见。关于这部分内容,将在本课程第五章第一节具体学习。

三、道别

离园道别是教师一日职业礼仪实践以及教师对幼儿一日礼仪培养的最后一个环节。这一环节看似简单,实际上是比较复杂的,既包括教师和来园接、领幼儿的家长打招呼,和离园幼儿道别,又包括幼儿和家长打招呼,和教师道别,和班级其他幼儿甚至其他班级认识的幼儿道别。教师尤其要注意引导幼儿,在主动和家长打招呼时,要向劳累了一天还亲自来园接、领自己的家长道一声"辛苦了"或"谢谢"。

与幼儿和家长道别以后,教师要进一步检查幼儿在园一日活动场所的整理是否彻底,做好一日工作总结以及次日各项活动的准备。

🔍 案例与分析

奶奶接孙子,教师惹麻烦

案例:离园了,起帆幼儿园小二班的赵老师和家长有序进行交接着。当看到几个月不来接送孩子的豆豆奶奶时,赵老师疑惑地问道:"豆豆奶奶怎么这么长时间不来接送豆豆了?"豆豆奶奶对赵老师解释:"前一段时间我忙,就让豆豆妈妈来接送豆豆了。现在我有时间了,从今天开始我来接送豆豆。"看到奶奶,豆豆很高兴,祖孙俩兴高采烈地走了。不一会儿,豆豆妈妈又来了,赵老师告诉豆豆妈妈:"豆豆让奶奶接走了。"豆豆妈妈立刻就不高兴了,责备赵老师说:"你怎么不和我联系就让别人接走豆豆?"赵老师感到意外而且有些委屈地说:"那是豆豆的奶奶,不是别人,我认识的。"豆豆妈妈无奈之下只好把自己家几个月以来发生的变故告诉了赵老师。原来,几个月以前,豆豆的爸妈离婚了,豆豆妈妈和豆豆奶奶家因为豆豆的抚养问题争得不可开交,豆豆妈妈坚持带着豆豆过,并且每天坚持接送豆豆上下学。今天豆豆妈妈半路车子发生了故障,等其赶到幼儿园时,豆豆已被跟踪多日的奶奶接走了。赵老师听后反复解释和道歉,园长也出来解围,但豆豆妈妈还是很生气地说:"要不回豆豆,我还会来找幼儿园的。"

分析:赵老师虽然认识豆豆奶奶,但是豆豆奶奶已经很长时间没有接送豆豆了。赵老师虽然对豆豆奶奶的突然出现有疑惑,但没有进一步和豆豆妈妈联系、核实,导致风波的产生。因此,如果幼儿固定由某位家长接送,一旦换人,即使是幼儿的亲人,教师也要与固定接送幼儿的家长联系、核实,以免出现异常情况。

思考与练习

1.幼儿一日生活常规活动主要包括哪些内容?

2.有些幼儿初入幼儿园时,往往哭闹不止,作为幼儿教师应如何稳定这些幼儿的情绪?

3.幼儿盥洗过程中教师尤其要注意哪些方面的问题?

4.有的幼儿在洗手时不仅洗不干净,往往还弄脏自己或者别的小朋友的衣服。请分析出现这些情况的原因,并制定针对性的解决措施。

5.幼儿如厕过程中教师尤其要注意哪些方面的问题?

6.有的小班幼儿大小便时往往不愿意如厕,请找出原因以及解决问题的对策。

7.举例说明幼儿进餐过程中教师尤其需要注意哪些方面的问题。

8.幼儿园不能强制所有幼儿必须午睡,请分析其中的原因。

9.值班教师在照料幼儿睡觉过程中应当注意哪些方面的问题?

10.为确保幼儿离园过程中不丢失,教师应当如何严格防范?

11.幼儿入园、离园,教师、幼儿、家长之间以及某些幼儿和幼儿之间要相互"打招呼",请在下表中列举出幼儿入园、离园过程中,教师和家长、幼儿"打招呼",幼儿和教师、家长以及某些幼儿之间"打招呼"的礼貌用语。

打招呼人	打招呼对象	入园打招呼礼貌用语	离园打招呼礼貌用语
教 师	家 长		
	幼 儿		
幼 儿	家 长		
	教 师		
	其他某些幼儿		

12.学习本章以后,在老师的协调与指导下,全班同学以学习小组为单位,分别到所联系的幼儿园对"一日生活常规礼仪"进行见习(跟岗实习)。见习结束后,全班同学在一周内各自写出见习总结报告,以小组为单位交流、研讨,然后形成各组见习报告,并以组为单位在班级交流,最后以班级为单位形成《"一日生活常规礼仪"见习报告》。

第二章

幼儿游戏活动礼仪

本章导引

幼儿游戏活动通常简称幼儿游戏,是幼儿园对幼儿实施保教尤其是教育过程中最常见的活动形式。幼儿游戏活动礼仪,也称幼儿游戏活动指导礼仪,包括教师在指导幼儿游戏过程中应当遵循的礼仪规范以及教师需要指导幼儿学习的有关礼仪。幼儿教师作为幼儿游戏活动的引领者和指导者、参与者和合作者,明确和掌握幼儿游戏活动礼仪,对于提升自身素质,培养幼儿素养,更好地开展幼儿游戏活动,均具有非常重要的作用。

本章重点学习指导幼儿游戏活动应当遵循的原则以及幼儿游戏活动指导礼仪有关内容。

第一节　幼儿游戏的指导原则

思考与讨论

您是否能说出《幼儿教育学》中"幼儿游戏的含义和特征"的主要内容?

知识拓展

全班同学一起，集中学习《幼儿园工作规程》第二十九条的内容。

第二十九条　幼儿园应当将游戏作为对幼儿进行全面发展教育的重要形式。

幼儿园应当因地制宜创设游戏条件，提供丰富、适宜的游戏材料，保证充足的游戏时间，开展多种游戏。

幼儿园应当根据幼儿的年龄特点指导游戏，鼓励和支持幼儿根据自身兴趣、需要和经验水平，自主选择游戏内容、游戏材料和伙伴，使幼儿在游戏过程中获得积极的情绪情感，促进幼儿能力和个性的全面发展。

按照《幼儿园工作规程》的要求，分析幼儿游戏的性质与特征，总结幼儿游戏的实践经验，幼儿游戏的指导要遵循以下原则。

一、为幼儿创设充分、安全的游戏环境

游戏环境包括游戏的物理环境和心理环境，物理环境诸如丰富、适宜的游戏材料，足够的游戏空间，充足的游戏时间等幼儿游戏所需要的客观条件，心理环境诸如教师对幼儿的态度、幼儿之间的关系、幼儿自身的情绪等幼儿游戏所处的精神条件。

只有为幼儿创设了充分的物理环境和心理环境，才能为幼儿提供充分开展游戏所需要的客观条件和精神条件，让幼儿充分选择自己感兴趣的游戏，提高幼儿对游戏的积极性、主动性和创造性，进而增强师幼之间和幼儿之间游戏的互动性，促进游戏的顺利进行，直至取得积极的游戏效果。可见，为幼儿创设充分的游戏环境，是幼儿自主选择游戏、自主实施游戏、充分开展游戏的重要保障。所以说，为幼儿创设充分的游戏环境，是指导幼儿游戏应当遵循的基础性原则。

尤其需要指出的是，由于幼儿在很多方面不能自理、自立，这就要求教师为幼儿创造的游戏环境，包括物理环境和心理环境，都必须是安全的。可以说，没有安全的游戏环境，一切游戏活动都无从谈起。

为了给幼儿创造充分、安全的物理环境和心理环境,教师要做到以下两个方面:

第一,要因地制宜提供丰富、适宜、符合规范的游戏材料,足够、安全的游戏空间,充足的游戏时间,为幼儿开展多种游戏创设充分、安全的客观条件。例如,开展"医院"游戏时,要事先布置好"挂号室""医生值班室""药房""注射室"等场景,准备好"白大褂""听诊器""处方纸""笔""电脑""体温计""注射器"等。布置完毕,要仔细检查场景和器材是否完备、规范,符合安全要求。

第二,教师要对幼儿表现出和蔼可亲的态度和平等民主的作风,同时要引导幼儿创建相互之间和谐友好的关系,为幼儿开展多种游戏创造积极的精神氛围。

二、尽量满足幼儿自主选择游戏的愿望

幼儿游戏的选择,主要是指幼儿对游戏的规划,具体项目包括玩什么、怎么玩、和谁玩、在什么地方玩等游戏的内容和形式。幼儿自主选择游戏,也称为幼儿游戏选择的自主性,主要是指幼儿自主进行游戏规划。

通过对幼儿游戏性质的学习,我们知道,幼儿游戏之所以成为幼儿最有趣味的活动,最根本的原因是幼儿游戏的形式和内容十分符合幼儿的兴趣和需要。事实上,要保持幼儿对游戏的喜爱,还要将"游戏是幼儿的天性,幼儿是游戏的主人"这句话落到实处,尊重幼儿自主选择游戏的权利,尽量满足幼儿自主选择游戏的愿望。可以设想,如果教师不征求幼儿的意见,命令式地安排幼儿玩什么、怎么玩、和谁玩、在哪里玩,恐怕幼儿会对教师组织的游戏感到索然无味。

三、热情鼓励幼儿自主实施游戏过程

幼儿游戏的实施,主要是指幼儿对游戏的实际操作。幼儿自主实施游戏,也称为幼儿游戏实施的自主性,主要是指幼儿自主操作由开始到结束的游戏实际过程。

大量实践与观察、研究都充分证明,幼儿游戏过程是幼儿主动学习、

主动构建自己经验的过程,教师在指导幼儿游戏的过程中,只有热情鼓励幼儿自主实施游戏过程,才能将幼儿主动学习的过程落到实处,才能达到幼儿主动构建和积累自身经验的目的。

为了贯彻"热情鼓励幼儿自主实施游戏过程"的原则,教师要做到以下两个方面:

第一,教师要尊重幼儿的独立人格,自觉维护幼儿作为权利主体的地位,针对幼儿的年龄特点,引导幼儿根据自身兴趣、需要和经验水平,自主选择游戏内容、游戏材料和伙伴,自主开展游戏。

第二,当幼儿在游戏过程中遇到困难时,教师要注意激发幼儿作为游戏主体的主动性和积极性,鼓励幼儿深入挖掘自身潜能,通过自己的积极努力克服困难。如确有需要,教师最好以游戏参与者的身份有针对性而又巧妙地参与游戏当中,和幼儿一起克服困难。

四、引导幼儿充分开展游戏

受其认知和行为能力所限,幼儿在游戏选择和游戏实施过程中,可能出现自己不满意的现象。这些现象如果不能及时得到处理,或者处理不好,不仅影响幼儿游戏的顺利进行,甚至会导致幼儿游戏半途而废。这就要求教师在幼儿开展游戏遇到困难甚至出现波折时,及时、有针对性地给予鼓励、支持,引导幼儿将游戏继续开展下去,直到取得积极的游戏效果。例如,当幼儿在游戏中遇到困难时,教师可以引导他们"我们遇到难题了,请大家想想办法,解决这个难题,我们好继续玩下去",还可以启发他们"谁有什么好的主意向大家介绍介绍,好让大家解决这个难题",从而创造师幼之间、幼儿之间平等协商、友好协商的氛围,调动幼儿参与解决问题的积极性,激发幼儿勇于战胜困难的勇气,鼓励他们大胆提出自己的见解,最终解决问题,战胜困难。

五、通过多种途径不断提升幼儿游戏能力

开展幼儿游戏的目的,是在满足幼儿自主、自发性活动需要的基础上,发展幼儿的想象力、创造力、模仿能力和交往能力,促进幼儿情感、个

性健康发展。要想达到这样的目的,单靠一两次游戏活动是很难的,这就要求教师努力创造条件,坚持开展幼儿游戏活动。

幼儿游戏能力的不断提升,不仅需要贯穿于幼儿游戏过程中,还要落实到平时幼儿保育和教育的方方面面。人们常说,真实的生活能为幼儿提供模仿的素材,虚构的童话能够激发幼儿的想象力和创造力。如果教师能够积极创造条件,提升幼儿生活体验感,通过多种途径开发幼儿的想象力和创造力,对于提升幼儿游戏能力是大有裨益的。

为了不断提高幼儿的游戏能力,教师要做到以下三个方面:

第一,教师要创造条件尽可能让幼儿多参与生活实践,不断强化幼儿对生活的体验,从而获得尽可能丰富的感性经验。

第二,教师除了鼓励幼儿在体验生活过程中尽可能自己探索,还要多让幼儿接触想象丰富又具有积极意义的童话、故事、寓言等作品,不断开发幼儿的想象力。

第三,理解甚至鼓励幼儿在体验生活、讨论问题和游戏过程中的各种天真的想法、幼稚的行为,引导幼儿提高想象力,锻炼创造力。

要全面提高幼儿的游戏能力,除了以上几个方面,还要注意培养幼儿的交往、配合与合作能力,注意通过游戏过程提高幼儿的游戏能力。

案例与分析

超市终于开起来了

案例:周三上午,北斗星幼儿园中一班活动室,小朋友们或一人,或一组,都在专心致志地开展各自选择的游戏活动,主班赵老师和配班钱老师在认真地巡回指导。钱老师发现积木活动角里有三组小朋友在玩同样的游戏,而"超市"里空无一人,就走到积木活动角,对其中一组的乐乐和跳跳两位小朋友说:"这里有点儿挤,你们两个到超市活动角开超市吧!"乐乐和跳跳不情愿地放下搭了一半的木桥,跟着钱老师来到"超市"。钱老师安排他们一个做"导购员",一个做"收银员"后,就到其他活动角巡回指导去了。乐乐和跳跳在各自的"岗位"上静静地等了一会儿,并不见有"顾客"来购物,感觉索然无味,就商议还是回到积木活动角搭完他们建了半截子的木桥。乐乐和跳跳刚刚离开,赵老师就发现了这个现象,她一边急着赶到"超市",一边大声自言自语地说:"我急需买几样东西,可超市怎么没有导购员和收银员呢?"已经离开"超市"的乐乐和跳跳,听到有顾客急着买东西,赶紧返回"超市",各就各位,热情地为"顾客"服务……

分析:该案例中,钱老师的安排让乐乐和跳跳不情愿地将"搭桥工程"半途而废,违背了游戏指导过程中应当遵循的原则。而赵老师细心观察,巧妙弥补,避免了两位小朋友不情愿地开展超市服务却无功而返的情况。

思考与讨论

阅读下面的案例并回答问题

活动室一角的"医院"里,珍珍抱着一个断了腿的布娃娃焦急地央求"医生"给其治疗。"医生"说:"没关系,我用胶布给布娃娃粘上就好。""医生"一边说着,就用胶布粘接布娃娃断了的腿。这时正赶上巡回指导游戏的孙老师来到"医院","腿断了要上夹板才行,怎么能用胶布粘接呢?"孙老师一边说,一边把"医生"粘接了半截的胶布从布娃娃腿上揭下来,一边教"医生"给布娃娃断了的腿上夹板。刚才还聚精会神、忙忙碌碌的"医生"中断了"手术",噘起了小嘴,珍珍也变得一脸茫然。

"医生"和珍珍的情绪为什么发生了这么大的变化?你认为孙老师应当怎么做?

第二节 幼儿游戏活动指导礼仪

关于幼儿游戏活动指导礼仪,我们在本节中主要学习引导幼儿自主选择游戏主题和同伴,和幼儿一起布置游戏场地及准备游戏材料,引导幼儿自主体验游戏过程、充分分享游戏经验等有关内容。

一、引导幼儿自主选择游戏主题和同伴

引导幼儿自主选择游戏主题和同伴,是落实"幼儿游戏指导原则"中"尽力满足幼儿自主选择游戏愿望"这一原则的具体体现。

教师引导幼儿自主选择游戏主题和同伴,一般的做法是,每次游戏活动开始前,组织幼儿一起商讨,既可以让具有相同游戏主题愿望的幼儿组成一个游戏小组,又可以让喜欢一起玩的幼儿先组成一个游戏小组再选择游戏主题。

在引导幼儿自主选择游戏主题和同伴的过程中,教师需要注意以下两个方面:

第一,有的幼儿选择能力较差,会出现无所适从的状况,教师要对这类幼儿多加关注,鼓励他们大胆选择,主动交往,还可以引导主动性较强、积极性较高的幼儿邀请选择性较差的幼儿加入他们的游戏小组当中。

第二,在选择游戏主题和同伴的过程中,有些幼儿之间会出现因为解决问题方案的不同而产生的分歧,甚至会出现因为同伴的选择而引起的纠纷,对于分歧,教师要及时引导幼儿通过讨论取长补短,求同存异,找到解决问题的最佳方案,化解分歧;对于纠纷,教师要及时引导幼儿讲礼貌、讲团结,爱同学、爱集体,消除纠纷。

思考与讨论

如果你在指导幼儿开展游戏的过程中发生了幼儿争抢玩具的现象,你会如何处理?

二、和幼儿一起布置游戏场地及准备游戏材料

1.布置游戏场地

游戏场地是幼儿开展游戏的一个必要条件。关于游戏场地的布置,教师要注意以下几个方面:

第一,教师要尽最大努力为幼儿提供足够的游戏场地,而不至于因场地空间过小影响游戏按计划进行,甚至引发矛盾冲突。

第二，布置场地时，教师要让幼儿既参与设计讨论，又参与具体布置。

第三，场地布置完毕，要组织、引导幼儿就场地布置得是否完备、是否合理、是否安全进行检查，不符合游戏要求的部分要进行整改。

2.准备游戏材料

游戏材料是游戏进行的另一个必要条件。关于游戏材料的准备，教师要注意以下几个方面：

第一，和幼儿一起，根据游戏内容列出所需要的材料清单。

第二，和幼儿一起，在现有材料中挑选出清单中列出的材料。

第三，提倡"废物"再利用，节约成本和能源，保护环境，和幼儿一起收集有关替代材料。

第四，鼓励幼儿自带游戏材料，尤其是幼儿特别喜欢的、新颖时尚的、不常见到的游戏材料。

第五，通过多种途径提供的材料，要具有丰富性、趣味性、层次性，而且要符合安全要求。所谓材料的丰富性，主要是指针对游戏中需要的具备某种功能的材料，教师尽可能提供多种类型甚至替代材料供幼儿选择，以利于发挥幼儿的主动性和创造性。所谓材料的趣味性，主要是指准备的材料要富于变化、有趣，而且适应幼儿的特点，以利于调动幼儿的积极性。所谓材料的层次性，主要是指准备的材料要适合不同年龄段如小班、中班、大班幼儿各自的年龄特点，以利于调动不同年龄段幼儿的积极性。

三、引导幼儿自主体验游戏过程

准备好游戏的场地和材料，选择好游戏的主题和同伴，接下来的重点就是游戏过程了。

教师引导幼儿自主体验游戏过程，主要体现在引导幼儿自主确定游戏内容、游戏方式等方面，实际上就是前面在"幼儿游戏的指导原则"当中学习的"玩什么、和谁玩、怎么玩"。

教师在引导幼儿自主体验游戏过程中，应当注意以下几个方面：

第一，整个自主体验过程都应当是安全的，即教师要保障幼儿游戏在场地安全、材料安全基础上的过程安全。

第二，根据游戏过程的需要，抓住时机进行引导。例如，当幼儿之间因为场地、材料的使用、游戏的玩法等发生分歧甚至纠纷，导致出现不安全倾向时，教师应当及时进行引导；当幼儿在游戏中遇到困难，主动寻求帮助时，或者当幼儿在游戏中出现挫折，难以实现自主愿望，想主动放弃努力时，教师应当及时进行引导。

第三，根据幼儿的年龄特点和不同幼儿的具体情况，因人引导，因才引导。

第四，教师的引导不能改变幼儿在游戏中的主体地位。为了避免这一现象的出现，教师在幼儿游戏中，要尽量避免不必要的"干预"，更不能把引导变成替代。

下面的"案例与分析"，在引导时机和引导方法方面可能会给大家提供有益的借鉴。

案例与分析

"救人"

案例：游戏活动时间到了，前两天刚刚看到邻居家老人去世发丧的李杰，和刘佳、张靓商量着玩"死人"游戏。李杰躺在床上假装死了，刘佳、张靓就开始哭。听见哭声的王老师立即过来问道："发生什么事了？"刘佳告诉老师："爸爸死了。"王老师明白了就里，赶忙听了听"爸爸"的胸口，庆幸地说："心脏还在跳动，没死，快，赶快救人。"大家一听说救人，赶快七手八脚地行动起来，有的小朋友还跑到"医院"去叫"医生"，刚才还在玩的"死人"游戏被抛到九霄云外。

分析：李杰等小朋友最初玩的游戏显然是不适合他们的，但是，王老师既没有责怪他们，又没有强制他们玩其他游戏，而是很巧妙地将他们正在玩的对他们有消极影响的"死人"游戏，引导成对他们有积极意义的"救人"游戏。可以说，王老师在尊重幼儿游戏自主性的同时，做到了引导的适时、恰当，变消极为积极，使游戏起到了应有的作用。

四、引导幼儿充分分享游戏经验

幼儿游戏过程结束,教师要组织幼儿进行游戏讲评。游戏讲评是幼儿分享游戏经验的最佳机会,所以,与游戏其他环节一样,游戏讲评的权利也属于幼儿。具体地说,教师既要注意避免包揽游戏总结的做法,变"一言堂"为"大家讲",又要注意适当引导幼儿进行讨论,允许甚至鼓励幼儿表达不同意见,还要注意巧妙点评幼儿的发言,使游戏经验的分享达到预期的目的。例如,教师可以用启发式的语言,提出"请小朋友们讲一讲,今天玩的是什么?""和谁一起玩的?""玩得开心吗?"等看似简单而随意的问题,引导幼儿表达自己的游戏体验和游戏感受。教师要认真倾听幼儿的发言,善于捕捉幼儿发言中的关键信息。对于积极的信息尤其是新颖的玩法、解决难题的方法等,要给予肯定、表扬、推广;对于幼儿提出的疑问,要以协商的口气引导幼儿群策群力给出解决的答案;对于消极的尤其是错误的信息如错误的经验,要及时引导幼儿通过讨论加以辨识,予以纠正。

下面的"示范案例",可能会给大家在游戏分享方面提供有益的借鉴。

🔍 示范案例

这样吃烤串有危险

游戏活动时间,赵老师正在游戏角巡回指导大班幼儿分组玩游戏,发现燕燕和亮亮拿着"烤串"从"串烧店"里出来,一边"吃着"一边来到"银行"。赵老师走上前和两位小朋友打招呼:"串烧店里不是有坐的地方吗?还是吃完了再出来更好。"燕燕回答老师:"我和妈妈一起逛街的时候,都是买了烤串带着,一边吃一边玩的。"赵老师耐心地向燕燕解释说:"一边吃一边玩,会分散精力,容易让烤串扎着自己。再说,这里还有好多小朋友在你们周围玩,不小心也会扎着他们的。"听了老师的话,燕燕和亮亮相互交流:"这样吃'烤串'有危险,我们还是回到'串烧店',找座位坐下,把剩下的'烤串'吃完了再出来吧!"

为了引起其他幼儿的重视,赵老师在游戏分享过程中,专门让燕燕和亮亮叙述了上面的环节。结果,有好几个幼儿说平时自己就是买了烤串一边吃一边玩的,还有的幼儿说自己跟大人一起时也是这样做的。发现这一现象在幼儿中不在少数,赵老师又专门找来几串烤串,演示了一边吃烤串一边走动玩耍,对自己对他人容易造成的危害。经过回顾、讨论、点评、总结,所有幼儿都认识到一边吃烤串一边走动、玩耍的危害性,有的幼儿还说回家要告诉家长不能这样做。

 内容拓展

幼儿游戏指导过程中常用指导性语言

第一,询问式语言。教师以询问的方式把幼儿面临的问题描述出来,把需要解决的问题摆在幼儿面前,引导他们用自己的方式寻求解决问题的途径,从而促进游戏的开展。例如,"你想要的玩具没有了,可是还想玩这个游戏,怎么办呢?""家里除了爸爸妈妈以外,还有谁呀?""你什么时候给病人打针呢?"分别可以用来启发、引导幼儿寻找替代材料,解决争抢角色争端,明确角色任务。

第二,建议式语言。当幼儿在游戏中遇到了问题,但是自身没有意识到问题的存在,或者虽然意识到问题的存在,却不知道如何解决问题的时候,教师可以使用建议式语言,引导幼儿发现问题,还可以根据是否需要,引导幼儿找到解决问题的方案。建议式语言一般采用"这样试试行不行?""想想还有没有别的办法?""如果……(怎么办)是不是更好?"等带有协商、启发语气的句式。

第三,澄清式语言。幼儿游戏的素材之一就是现实生活,但是幼儿游戏对现实生活的反映往往是不加筛选的,所以,游戏中难免会出现模仿社会消极现象的问题。这时,教师最好不要简单地直接给出否定性评价,以免影响幼儿游戏的积极性,最好在引导幼儿进行讨论的基础上加以澄清。可以用"这样做对吗?""到底能不能这样做?"引导幼儿进行讨论,可以用"这样做是不对的""不能这样做"对不正确、不允许的消极现象做出澄清。

第四,指令性语言。当幼儿在游戏中严重违反规则,出现攻击性言行时,教师可以随机应变,转移其注意力,改变事态的发展方向,当然也可以当机立断,及时制止其言行。例如,当看见一个幼儿拿了玩具击打小朋友时,应当立即加以制止,用"你不能这样做""你这样做会伤害小朋友的"等语言及时制止幼儿的不良行为。

思考与练习

1.说说您对下列观点的看法:

(1)幼儿游戏活动礼仪就是教师指导幼儿游戏活动应当遵守的礼仪规范。

(2)幼儿游戏就是幼儿对现实生活的模仿。

(3)幼儿游戏的安全包括场地安全、材料安全、过程安全。

2.举例说明幼儿游戏的心理环境包括哪些方面。

3.幼儿游戏的选择包括哪些内容?

4.幼儿教师如何贯彻"鼓励幼儿自主实施游戏过程"的原则?

5.你认为通过哪些途径可以不断提升幼儿的游戏能力?

6.关于引导幼儿自主选择游戏主题和同伴,教师应当注意哪些问题?

7.关于游戏场地的布置和游戏材料的准备,教师应当注意哪些问题?

8.关于引导幼儿自主体验游戏过程,教师应当注意哪些问题?

9.在引导幼儿分享游戏经验时,如何正确处理幼儿反馈的各种信息?

10.学习本章以后,在老师的协调与指导下,全班同学以学习小组为单位,分别到所联系的幼儿园对"幼儿游戏活动礼仪"进行见习(跟岗实习)。见习结束后,全班同学在一周内各自写出见习总结报告,以小组为单位交流、研讨,然后形成各组见习报告,以小组为单位在班级交流,最后以班级为单位形成《"幼儿游戏活动礼仪"见习报告》,将个人见习报告、小组见习报告、班级见习报告以"材料上墙"的方式,在班级教室出一期"幼儿游戏活动见习专栏"。

第三章

师幼沟通礼仪

本章导引

全面地讲，师幼沟通，除了幼儿教师和幼儿之间的相互沟通，也包括幼儿之间的相互沟通。这两种形式的沟通主要通过两种途径完成，即语言沟通和非语言沟通。

和前面我们学习、讨论的两章内容一样，本章学习、讨论的师幼沟通礼仪，既包括教师在和幼儿的语言沟通与非语言沟通过程中自身应当遵守的礼仪规范，又包括教师应当培养幼儿学习的有关沟通礼仪。

师幼沟通，是幼儿园开展保育和教育活动的重要途径，有时甚至是主要途径。努力掌握并积极实践师幼沟通礼仪规范，对于提升保育和教育质量具有非常积极的促进作用。

第一节　师幼语言沟通礼仪

本节主要针对师幼语言沟通过程中的倾听、倾诉以及有关提问礼仪进行学习、讨论。

一、倾听和倾诉

要实现幼儿教师和幼儿之间良好的语言沟通,要求教师不仅要善于倾听幼儿的心声,还要善于向幼儿倾诉。当然,引导幼儿学习倾听和倾诉也是幼儿教师义不容辞的职责。

1.善于倾听

幼儿的好奇心特别强,看到什么都感到新鲜,以为奇景;幼儿的心理非常单纯甚至脆弱,有的现象,大人感觉无所谓甚至感觉不到,在他们那里往往引起深深的感触。幼儿往往喜欢把奇景、感触向别人倾诉,而且喜欢把自己的疑惑向别人问个究竟。幼儿的上述特点对幼儿教师提出了一个非常重要的要求——善于倾听。

第一,幼儿教师要端正倾听幼儿心声的态度。这种态度最重要的是对幼儿的理解和尊重。例如,在倾听时要从内心深处把幼儿放在和自己平等的地位,在倾听过程中要有足够的耐心,等等。这不仅仅是对幼儿的理解和尊重,还对引导幼儿学习如何倾听他人,甚至对幼儿性格的塑造,能够产生积极的影响。

第二,幼儿教师要学习、研究、总结倾听的途径和方式方法。这其中重要的一点就是受表达能力所限,或者由于某些特殊情况,幼儿不能或者不想甚至不好意思完全表达自己的想法时,幼儿教师要抓住时机,鼓励幼儿,让幼儿产生受到尊重的喜悦感和自信心,鼓起勇气把想说的话说出来。当然,对于个别有"小心思"的幼儿,幼儿教师既要善于听懂幼儿的语中之意,还要善于听懂幼儿的言外之意,只有这样,才能更加全面、深入地了解幼儿,理解幼儿。

第三,倾听的目的是在全面、深入了解幼儿、理解幼儿的基础上,用认真的态度,科学、巧妙地回答幼儿的问题,正确、灵活地解决幼儿的问题,对幼儿实施更有针对性的保育和教育,从而促进幼儿更健康地成长。

阅读下面的"示范案例"并认真思考,对我们更好地倾听幼儿心声可能会有所裨益。

示范案例

两个太阳

阴雨连绵过后，天空突然放晴。看到多日不见、突然从云层里钻出来的太阳，幼儿们的情绪也变得高涨起来。孙老师抓住机会，让中班幼儿画雨后的天空。孩子们正在认真作画，忽然活动室后面传来争论声。只见几个幼儿正在取笑阳阳："你见过天上有两个太阳吗？""如果天上有两个太阳，夏天我们还受得了吗？"阳阳想说什么却又觉得有口难辩，只是低着头、噘着嘴，一声不吭。孙老师走过去，看了看阳阳的作品，只见画中真的画了两个太阳，一大一小，大的只露了半张脸，还能看见脸上的皱纹，显得苍老但却慈祥，小太阳画得天真、活泼。阳阳发现孙老师在看他的画，不知是怕挨批评还是怕让他修改，马上用双手捂住了画。孙老师看着画，若有所思，然后对孩子们说："阳阳平时的想象力就很丰富，今天他画了两个太阳，一定有他的道理。"然后，蹲下身温和地对阳阳说："这画里一定有一个好听的故事吧？能给我们讲讲吗？"听了老师的话，阳阳立即直起腰，好像为自己辩解似的讲起来："这个大太阳是妈妈，这些日子她生病了，不能上班，所以我们一直没看到她。小太阳是她的孩子，他觉得自己长大了，应该帮妈妈工作了。今天是太阳宝宝第一天上班，妈妈不放心，才坚持着出来看看。"听了阳阳的讲述，孙老师被感动了，动情地抱起阳阳："太阳宝宝真是个孝顺的好孩子！阳阳画得好，讲得更好。老师要向太阳妈妈学习，小朋友们要向太阳宝宝学习。"周围的幼儿不仅变得安静了，还都若有所思地看着阳阳和老师，他们被阳阳的画、阳阳的故事、老师的讲评感染了。

内容拓展

走进幼儿心灵看幼儿

走进幼儿心灵看幼儿，你会看到和成年人不一样的内心世界：幼儿的"叽叽喳喳"，可能是一种"真知灼见"；幼儿的"胡乱涂画"，可能是一种"妙笔生花";幼儿的"手舞足蹈",可能是一份"怡然自得";幼儿的"捣乱破坏",可能是一种"敢于探索"——幼儿大把大把地抛撒积塑玩具,可能是想"下一场五颜六色的雪";幼儿拿走养在自然角的小蝌蚪,可能是打算"放回河里,让它长成会捉害虫的小青蛙";幼儿把太阳涂成绿色,可能是希望"太阳光不再刺伤人们的眼睛"……

2. 善于倾诉

幼儿教师只有善于倾诉,才能让幼儿理解教师的意图,才能将对幼儿的保育和教育更有针对性地落到实处。

幼儿教师应当注意,向幼儿倾诉不是向幼儿诉苦,更不是向幼儿发牢骚。另外,所谓善于倾诉,从方式方法上讲,应当注意以下几个问题。

(1)抓住甚至创造最佳时机

幼儿教师要善于发现幼儿感兴趣的话题,抓住甚至创造最佳倾诉时机,创造气氛,将幼儿的注意力自然吸引过来,集中到一起,以达到最佳倾诉效果。当然,也要在适当的时候结束谈话,要么让幼儿表现出满足感,要么让幼儿感到不舍,要么让幼儿不由地向下思考。

(2)表达要适合幼儿,易于被幼儿理解

第一,用语恰当而又准确、规范。幼儿教师在和幼儿说话时的用语恰当、准确、规范,包括用词恰当、读音准确、造句规范几个方面,其中读音准确是指普通话发音准确。在具体表达过程中,不可使用方言词语,如把馒头叫作"馍馍";不可使用不规范的儿童用语,如把小椅子叫作"小椅椅";不可使用未经国家有关部门认可的网络用语,如"神马""肿么";不能自己生造词语。

第二,内容传达形象化。幼儿教师要针对幼儿的思维特点,注意把抽象的概念形象化、具体化,通过对要传达的内容具体形象地描述,让幼儿容易理解、接受。

第三,语言表达具有童趣。在注意内容传达形象化的基础上,幼儿教师语言的表达要注意富有符合幼儿特点的情趣,便于激发幼儿的兴趣,吸引幼儿的注意力,调动幼儿的积极性,同时也可拉近师幼之间的距离,增强交流的效果。

第四,语句短小、明了,富有节奏感。针对幼儿的理解能力和记忆水平,幼儿教师要有意识地采用句式短小、含义明了、排列具有节奏感的语句表达所要表述的内容,让幼儿易于接受,乐于接受。例如,成人化的语言"狗熊悄悄走过去偷吃蜂蜜的情境被正在收玉米的老山羊看见了",在向幼儿讲述时,最好变成"老山羊正在收玉米,看见一只狗熊悄悄走过去,偷吃了蜂蜜"。

（3）遇到问题多用商量的口气

在遇到问题,幼儿教师和幼儿说话时,要注意避免用"我警告你……""我不允许你……""你给我……"等命令、责备甚至威胁之类的用语,提倡多用"这样做好不好?""有什么好的办法吗?""让我们好好想想"等提示性、协商性的语句。

（4）处理好倾听与倾诉的关系

倾听与倾诉,看起来相互矛盾,实际上是相互关联的。作为幼儿教师,处理倾听与倾诉的关系时,可以把倾听看成倾诉的前提。具体来讲,最好耐心让幼儿把话说完,然后有针对性地和幼儿交流。当然,在自己和幼儿说话的过程中,引导幼儿注意倾听,不仅是幼儿教师的职责所在,还是幼儿教师应当具备的能力水平。

3.引导幼儿学习倾听和倾诉

学习倾听和倾诉,对于增强幼儿的耐心,集中幼儿的注意力,提升幼儿的表达能力,从而促进幼儿的学习能力、与人交流的能力以至于处理人际关系等许多方面能力的提升,都具有非常积极的意义。

幼儿教师引导幼儿学习倾听和倾诉,应当注意以下几个方面:

第一,尽可能从小开始抓起。幼儿一进入小班,就开始引导其学习倾听与倾诉的方式方法,培养其认真倾听、积极倾诉等良好习惯,发展其倾听与倾诉的能力。

第二,对于引导幼儿学习倾听和倾诉的途径,除了平时多和幼儿进行交流外,还要创造机会多开展与倾听、倾诉有关的活动,如倾听小游戏、朗读活动、故事会、讨论会等。另外,实践证明,耐心训练、思考能力训练、语言表达能力训练,都是引导幼儿学习倾听与倾诉的有效途径。

第三,努力让每个幼儿学会倾听、倾诉。对于那些能够做到认真倾听、积极倾诉的幼儿,要加以表扬和鼓励,促进他们倾听与倾诉能力的不断提升;对于那些轻易打断别人讲话的幼儿,要注意引导他们"让人把话讲完""好好听人家说的是什么""自己想好了再说",培养他们学会尊重他人,认真、耐心倾听他人意见的好习惯;对于那些性格有些内向的幼儿,要像上面"1.善于倾听"中所讲的那样,鼓励幼儿大胆向他人倾诉,有什么话都说出来。

二、有关提问礼仪

幼儿教师要恰当提出问题并启发幼儿思考,正确对待幼儿提问并巧妙做出回答。

1.根据幼儿的年龄特点和实际水平设计问题

幼儿教师必须在幼儿已有经验的基础上设计问题,只有这样,幼儿才能做出回答,教学活动才能得以延伸。脱离了幼儿年龄特点和实际水平的问题,幼儿既不能知其然,又不能知其所以然,而且会晕头转向,效果适得其反。

例如,小班幼儿教师在组织幼儿扔小沙包活动过程中,如果提出"比一比,看一看,谁扔得更远?"这样的问题,小朋友们自然能够找到答案。可如果把这个问题变成"怎样知道自己扔得有多么远?",对小班幼儿来说,就难以做出回答了。

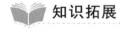 **知识拓展**

提问的类型

描述性提问——引导幼儿细致观察,或者说出自己的观察所得,或者说出事先设定的观察要求,或者说出观察结果。

比较性提问——引导幼儿比较人、事、物、现象等的异同。

分类型提问——引导幼儿对人、事、物、现象等划分类别。

假设性提问——引导幼儿想象。

选择性提问——引导幼儿对几种结论进行取舍。

反诘式提问——引导幼儿对结论进行再思考、再判断，又称提问式提问。

2. 提问要激发幼儿兴趣，启发幼儿思考

教师的提问应当是幼儿乐于讨论并能产生共鸣的问题，这样才能便于幼儿在讨论中相互学习与借鉴。

教师最好采用开放式问题，因为开放式问题没有现成的答案，不受语言和情节的限制，既可为幼儿提供创造性想象的空间，又可促进幼儿思维的发展。

当幼儿在思考与讨论教师的提问遇到困难时，教师可以通过启发性的继续提问引导幼儿深入思考，多角度思考，从而找到解决问题的方式方法，最终探究出问题的答案，获得更加积极愉快的成就感。

对于幼儿的回答，哪怕是成年人看来稀奇古怪甚至不着边际的答案，教师首先不是评判对与错，而是应当给予充分的鼓励。当然，对于有些明显违反科学常识和规律的答案，可以引导幼儿在其自身经验和水平基础上加以讨论。

3. 正确对待幼儿的提问

就像上面"一、倾听和倾诉 1. 善于倾听"中所讲的那样，幼儿的好奇心特别强，喜欢把自己的疑惑向别人问个究竟，许多时候甚至问一些在成年人看来不着边际的问题。作为幼儿教师，一定要注意保护、激发幼儿的好奇心，这一要求体现到正确对待幼儿的提问方面，就是要热情鼓励幼儿提问，耐心倾听幼儿提问，认真并巧妙地回答幼儿提问，具体做法可以参考本节上面学习、讨论的有关内容。

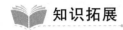 **知识拓展**

幼儿教师对待幼儿的礼貌用语举例

请······好吗;你真棒;你真能干;你真是一个懂礼貌的好孩子;这个想法真的不错;做错了不要紧,改正了仍然是好孩子;你觉得怎样做会更好;你这么爱动脑筋,老师真为你高兴;你能大胆地讲给大家听吗;小朋友有了困难,你一定会去帮助的;你这么热心帮助大家,大家都会喜欢你的;你一定很想对他道歉;对不起,是老师错了。

第二节　师幼非语言沟通礼仪

师幼之间的非语言沟通,主要是指相互之间借用姿势、动作、表情等身体形态进行的沟通,鉴于这些身体的形态起到了类似于语言的沟通作用,人们形象地将它们称为体态语言或形态语言,通常简称为态势语。态势语主要包括身姿语、手势语、表情语三种类型。有关态势语方面的礼仪,也称形态礼仪。

一、身姿语

简单讲,身姿,即身体的姿势。所谓身姿语,是指人们通过身体姿势向他人传达自己对人、对物所持态度的态势语。例如,站立或坐立与人交谈时一只脚点地的动作,坐着与人交谈时摇晃架在另一条腿上的小腿或足部的动作,都显得对人不尊重;坐着与人交谈时,采用浅坐姿势,即坐在座位边缘或一侧,身体倾斜面向对方,则往往说明自己比较谦虚,对对方比较尊重;与人交谈时面朝对方,显得亲切,侧视甚至昂头,则往往表示不重视对方甚至傲慢无礼;等等。

幼儿教师在对幼儿实施保育和教育的过程中,在身姿语方面要注意以下几点:

第一，一定要重视自身身姿语的使用，因人、因事、因时、因地而宜，巧妙采用点头、弯腰、蹲下等恰当的身姿语，拉近师幼距离，稳定幼儿情绪，增进师幼感情，使幼儿"亲其师，信其道"，促进保育和教育活动的开展。同时，体现幼儿教师自身良好的素质，给幼儿带来积极的熏陶和影响。尤其需要说明的是，很多幼儿教师，在和幼儿交流时，采用如图 3-1 所示的蹲下的姿势，充分体现了自己对幼儿的尊重，体现了自己和幼儿人格上的平等。蹲的姿势很难严格地整齐划一，但是这种态度是值得大力提倡的。

第二，要注意关注幼儿身姿语的表现，便于准确判断幼儿的心理状态，有针对性地对幼儿实施保育和教育。

第三，要注意引导、培养幼儿在人际交往过程中良好的身姿语习惯，促进幼儿文明素养的提升。

图 3-1　幼儿教师采用蹲姿和幼儿交流

二、手势语

1.手势语的含义

手势语是指人们在交往、交流过程中用手臂或手的动作表达情感、传递信息、展示个性的态势语。

2.常用手势语基本类型

（1）象征性手势语

象征性手势语也称情感性手势语，主要是指表示特定抽象的内涵，或者表达和强调说话人的某种情绪、意向、态度的手势。例如，"OK"表示"可以""行""好"；"V"表示胜利；拳心向内侧，握拳上举，表示"加油""努力"；两手相握表示"友好"；双拳相抱表示"拜托""感谢"；四指并拢握向拳心，大拇指向上竖起，表示赞扬；用手轻轻抚摸头顶、轻拍肩膀或后背，表示喜爱、安抚。

（2）象形性手势语

象形性手势语主要包括两类：第一，模拟物体形态的手势，例如大小、形状、距离等；第二，模拟某种动作的手势，例如模拟使用某种工具的手势。

（3）指示性手势语

所谓指示性手势语，主要是指用来介绍或说明人或事物，以及用来提醒、引导、指导人们言行时所使用的手势语。例如，指示方向的手势语，如向上、向下等；指示状态的手势语，如起来、停止等。

？ 思考与讨论

（1）请说出图 3-2 中手势语的类型及含义。

图 3-2　手势语

（2）请说说手势语"用一根手指指点他人""对他人说话时双手叉腰"的消极含义。

3.幼儿教师要恰当、巧妙地使用手势语

手势语在幼儿教师的保育和教育过程中使用频率很高。

（1）根据活动需要选择合适的手势语

第一，运用象征性手势语，适时为幼儿的表现鼓掌，适时对幼儿伸出大拇指，可以激发幼儿的兴趣和勇气；适时轻轻搂抱、摸头、拍背、抚摸脸颊、牵手，可以让幼儿产生亲切感和安全感。

第二，运用象形性手势语，能够使自己的讲话更具有形象性和直观性，能够帮助幼儿更好地理解自己的讲话内容。

第三，重视指示性手势语在组织幼儿活动中的运用。由于幼儿年龄较小，自我控制能力不足，往往纪律性不强，如果单纯用语言强调纪律，难以达到预期的效果，可以恰当地使用指示性手势语配合语言要求维持秩序。这样一来，能够较为容易地让幼儿明确有关要求，较好地集中注意力。如想让正在喧闹的幼儿安静，可以竖起一根手指（一般用食指）放在嘴边，可以用一只手的一根手指撑住另一只手的掌心；想让幼儿起立或坐下，可以手心向上并向上升或者手心向下并向下滑；等等。

（2）手势语要活泼而自然

活泼的手势语，更能吸引幼儿的注意力，也更能对幼儿的行为态度产生影响。讲究手势语的自然，就是在需要的时候即时运用手势语，而不要刻意地设计好，否则就会使手势语变成一种表演。例如，给幼儿讲文明礼貌的习惯时，可以通过挥手、点头表示向对方问好的礼仪，可以运用竖大拇指、点头、比"OK"等手势语来对别人表示赞同、认可。再如，讲《白雪公主》的故事时，在讲到皇后妒忌白雪公主比她美丽时，可以做出张牙舞爪的手势和表露出凶恶妒忌的神态；在讲到白雪公主和七个小矮人一起生活时，除了表露出快乐、幸福的表情外，还可以轻轻地抚摸着幼儿们的头，让他们能通过教师自然的表情和生动的手势语，体验《白雪公主》故事中的各种情感。

（3）手势语要有艺术性

在使用手势语时，每一个手势语都应当有起势，即在实施手势语之前，要有一个缓冲的动作，不要过于直接或者匆忙地使用手势语。而且手势力度要适中，尤其是和幼儿接触的手势，不能让幼儿产生被推搡的感觉。此外，手势语的艺术性也要求其运用不宜过于频繁。如果在一项活动中不停地切换手势，过多地吸引幼儿的注意力，反而会导致活动效率的低下。

三、表情语

表情语是指人们通过面部的眼睛、眉毛、嘴、肌肉等部位的变化，表达情感、传递信息的一类态势语。在本节所学习的几类态势语中，表情语能够迅速、灵敏、准确、充分地反映人们高兴、喜欢、赞许、鼓励、失望、忧虑、怀疑、担心、惧怕、愤怒等各种情感。可以说，表情语在本节所学习的各类态势语中最丰富，也最有表现力。

幼儿教师在与幼儿进行非语言沟通的过程中需注意以下方面：

第一，要时刻注意自己的面部表情，恰当、巧妙地运用表情语，正确地表达自己的感情，最重要的是要向幼儿传递爱的信息，给幼儿以积极的心理暗示。例如，当幼儿表现突出的时候，要向幼儿投以赞许的微笑；当幼儿遇到困难的时候，要向幼儿投以鼓励的微笑；当幼儿出现小过失甚至表现出小调皮的时候，要向幼儿投以宽容的微笑。幼儿教师微笑着面对幼儿，就会让幼儿感到亲切，容易接受教师的教育，从而取得积极的效果。

第二，要细心留意幼儿的面部表情，据此准确了解幼儿的内心世界，从而有针对性地开展保育和教育工作，提升保育和教育质量。

思考与讨论

请说出自己对下面两句名人名言的理解。你知道它们的作者分别是谁吗？他们的代表作分别有哪些？

"做教师的绝不能没有表情，不善于表情的人不能做教师。"

"笑就是阳光，它能消除人们脸上的冬色。"

🔍 案例与分析

多种态势语综合应用举例

案例:清晨,豆豆妈妈带着一路抽泣的豆豆来到幼儿园,周老师微笑着伸出双手迎接豆豆,结果豆豆却哭闹开了,喊着:"我不上幼儿园,我不找你,我要跟妈妈回家!"周老师蹲下身来,想试着抱抱豆豆,可豆豆却摇晃着双臂挣扎起来,一只手不小心正巧打在周老师的脸上。豆豆有些害怕了,静下来怯生生地看着周老师,似乎在等待周老师怎么惩罚她,可周老师微笑着对她说:"没事的,豆豆不要害怕。"周老师用一只手抱起豆豆,另一只手从兜里掏出纸巾为豆豆擦拭哭花了的小脸蛋,继续安抚豆豆说:"豆豆是好孩子,好孩子是喜欢上幼儿园的。"豆豆终于安静下来了。周老师轻轻拍拍豆豆的脸颊,一边说着"老师喜欢豆豆,幼儿园里小朋友们都会喜欢豆豆的",一边轻轻牵着豆豆的小手,介绍豆豆和围拢过来的小朋友们认识。

分析:在上述案例中,周老师靠着自己的耐心、细心,通过一系列的态势语如微笑、伸出双手、蹲下身来、抱抱、抱起、擦拭、轻轻拍着、轻轻牵着等,加上一连串的语言沟通,在较短的时间内就稳定了豆豆的情绪。周老师的精神可嘉,做法值得借鉴。

📖 思考与练习

1.本章所指的师幼沟通,其形式和途径有哪几种?

2.幼儿教师倾听幼儿心声的目的是什么? 怎样才能做到善于倾听?

3.幼儿教师在向幼儿倾诉的过程中怎样才能做到适合幼儿、易被幼儿理解?

4.师幼沟通礼仪,既包括教师应当遵守的礼仪,又包括教师应当培养幼儿学习的有关礼仪。请说说幼儿教师应当怎样引导幼儿学习倾听和倾诉。

5.下列有关幼儿教师对幼儿的提问,哪些不适合幼儿?

上午喝的紫菜鸡蛋汤里有什么营养物质;比比哪个小朋友午饭吃得最多;看看谁扔的足球最远;谁的小手洗得更干净。

6.在组织幼儿活动的提问环节,总有些幼儿不举手就争先恐后地回答问题,面对这种情况,幼儿教师应当如何处理?

7.师幼之间的非语言沟通主要包括哪几种类型?请说出每种类型的含义。

8.手势语主要包括哪几种类型?请说出每种类型的含义。

9.请采用美术课中学习的素描笔法画出幼儿教师的下列态势语:弯腰抚摸幼儿的头,蹲下拍拍幼儿的脸颊,加油、点赞、暂停、向上、微笑着迎接幼儿,失望、忧虑。

10.分小组进行"我说你做"的游戏。将下面的短句写在纸条上,两人一组,抽签分担任务:一人读纸条上的短句,一人恰当地通过态势语将其表演出来。

老虎被牙疼折磨得嗷嗷叫唤,狐狸笑眯眯地对老虎说:"我来给你拔牙吧!"

小鸭子从河塘上来,找不到回家的路了,着急地哭了起来。

小蝌蚪游啊游啊,总也找不到妈妈,急得在池塘里打转转。

第四章

幼儿评价礼仪

✒ **本章导引**

幼儿教师在对幼儿实施保育和教育的过程中,常常涉及对幼儿个人或集体的评价。

本章所指的幼儿评价,是指幼儿教师对幼儿的表现在科学分析的基础上给予肯定或者否定。其中,对幼儿的表扬与奖励,尤其是对幼儿的表扬,是幼儿教师开展保育和教育活动常用的肯定幼儿的方法;对幼儿的否定,一般通过教育惩戒的手段实施,其中,批评是最常用的一种教育惩戒方式。

本章中我们要学习的幼儿评价礼仪,主要包括幼儿教师对幼儿给予表扬与奖励,以及对幼儿开展批评过程中应当注意的问题。此外,还包括幼儿教师引导幼儿学习如何正确对待表扬与奖励及如何正确对待批评等有关内容。

❓ **思考与讨论**

通过学习《中小学教育惩戒规则(试行)》,回答"什么是教育惩戒"。

第一节　表扬与奖励

对幼儿进行表扬与奖励,是对幼儿的表现给予肯定的评价。其中,表扬一般体现在语言上,奖励一般体现在荣誉或物质方面。本节我们主要学习、讨论幼儿教师在对幼儿进行表扬、奖励时应当注意的几个问题。

一、善于发现、发掘幼儿的闪光点

要表扬甚至奖励幼儿,最基础的工作是要找到幼儿可以被表扬、奖励的地方。就这一方面来看,第一,天真烂漫的幼儿,浑身散发着让人喜爱的气息;第二,很多对于成年人来说微不足道的表现,对于幼儿来讲可能是难能可贵的;第三,即使有个别这样或那样不尽如人意的幼儿,照样能从其身上找到这样或那样的闪光点;第四,有时候,幼儿需要教师的引导和帮助,才能发挥出自己的聪明才智,取得值得表扬甚至奖励的成绩。所以,只要幼儿教师掌握幼儿的年龄特征以及心理特点,尊重不同幼儿之间的个性差异,细心观察每一个幼儿,及时帮助需要帮助的幼儿,就一定能够及时发现、深入发掘他们身上许许多多可以被表扬甚至奖励的地方。

🔍 示范案例

寻找孩子的闪光点

班里有个叫辰辰的小朋友,一直以来让老师很头疼。几乎每天有小朋友来告他的状:说脏话,抢小朋友的玩具,弄脏小朋友的衣服、头发,等等。老师尝试用多种办法来教育他,如谈心说服,严厉批评,让他转换角色,体会其他小朋友的心情,都没有什么明显效果。老师尝试和他的家长交流,寻找原因。经过几次谈话,感觉到家长对孩子的消极行为表示无能为力,甚至有放弃教育的想法。老师意识到,家庭和幼儿园对辰辰的排斥,在他的心里留下了阴影。一个对自己不抱希望,心里没有爱的孩子,又能期望他有什么积极的表现呢？于是,老师抛弃了自己先前对他的认识及评价,开始从另一个角度重新关注他、了解他、评价他。

有一天,区域活动结束后,辰辰收拾好自己的玩具,看到地上有纸屑,于是弯腰拾了起来。老师立刻在"小星星时刻"向全班小朋友介绍了辰辰维护班级卫生的好行为,让全班给他鼓掌。在为他贴小星星时,告诉他老师很喜欢他这样做,还亲切地抱了抱他。辰辰难得地露出了笑容。

又过了几天,一个早晨,辰辰来园很早,看到老师在忙,就主动帮助老师整理图书,干得还很认真,把图书整理得井井有条。老师抓住他的这个"闪光点",以此为突破口改变他:选他做班级里的小小图书员,负责班里所有图书的整理、发放和保护。结果,辰辰激发出从来没有过的干劲,干得非常认真,而且为同学们服务也很热情。渐渐地,他与小朋友的交往也变得愉快了。

一段时间后,小小图书管理员辰辰,成为一个积极上进、大家都很喜欢的小朋友。

二、表扬要及时、具体、恰当

1.表扬要及时

表扬要"趁热打铁",这是因为,"及时雨"式的肯定、表扬,会让幼儿获得更大的成就感和满足感,会给幼儿留下深刻的印象。无论是对被表扬的幼儿还是对周围其他幼儿,起到的作用会更大,影响会更深。而错过了机会的表扬,即所谓过了期的表扬,有时很可能连幼儿自己都把事情的起因淡忘了,表扬所起到的效果也就会大打折扣。

2.表扬要具体

幼儿教师要细心观察,善于发现幼儿值得表扬的具体细节,还要在表扬幼儿时把这些细节列举出来,让幼儿知道,自己是因为哪些方面表现好得到了表扬,便于被表扬的幼儿继续发扬,其他幼儿学有榜样,超有目标。反之,如果简单使用一句"你真棒""你真聪明""老师就喜欢你这样的孩子"之类的表扬语,有时候可能让幼儿不明就里,不知道自己因为什么得到老师的表扬,所谓糊里糊涂地就被表扬了,难以起到表扬的效果。

3.表扬要恰当

幼儿教师要做到恰当表扬幼儿,应当注意以下几个方面:

第一,不要吝啬表扬幼儿。我们说,包括幼儿在内,绝大多数人是喜欢被表扬的,尤其是对于天性率真的幼儿,表扬更容易使他们获得心理上的满足与快乐,所以能够产生更大、更多的正能量。反之,获得表扬的难度太大会让幼儿失去信心和积极性。

第二,不能对幼儿过度表扬。这个问题又表现在两个方面。一方面,只有当幼儿做出值得表扬的表现时,才能对幼儿进行表扬,而不能认为幼儿好应付甚至好糊弄,为了使幼儿听话,泛滥式地对幼儿进行表扬;另一方面,当幼儿的表现确实值得表扬、需要表扬的时候,对幼儿的表扬也要实事求是,而不能言过其实,揠苗助长。幼儿教师要认识到,过度表扬可能会导致幼儿变得不能正确地看待自己,甚至会变得虚荣心强,好大喜功,骄傲自满,唯我独尊,更有甚者思想上会产生今后只喜欢表扬而经不起批评的苗头,这是应当引起大家高度重视的。

 内容拓展

表扬幼儿用语举例

××的小房子画得很特别、很有个性,你很有自己的想法!

××帮老师把玩具整理得这么整齐,真是个勤劳又懂礼貌的好孩子!

××主动扶起摔倒的小朋友,真是个热心帮助小朋友的好孩子!

××会自己整理床铺了,进步很快,真棒!

××会自己梳头发了,小辫子扎得真好看,很漂亮!

××摔倒了都没哭,还自己爬起来,真是个勇敢的好孩子,老师喜欢你。

××送给老师的贺卡这么漂亮,贺卡里的蝴蝶结太美了,老师很喜欢。

三、针对幼儿的个性特点选择表扬方式

不同的幼儿具有不同的个性特点,对外界表扬的反应如敏感性和承受能力也不尽相同。这就要求幼儿教师针对不同幼儿的性格特点,选择适宜的表扬方式,以收到最佳效果。

第一,对于个性偏于内向的幼儿,幼儿教师要更多地加以关注,一旦发现其闪光点,哪怕这些闪光点是不起眼的星星之光,也不要把它们看得微不足道,而是要及时给予表扬,要尽可能让更多的幼儿看到他们"在发光",而且要引导这类幼儿大胆走向台前,勇于"发光"。

第二,对于个性偏于外向、承受能力较强的幼儿,幼儿教师在对其进行表扬时,最好采用"扬抑结合"的方式,即在对其给予表扬的基础上,指出其需要努力做好的其他方面,并向其提出发扬长处、改进不足的期望。这样的表扬方式一般能使他们避免骄傲自满情绪的产生,又能取长补短。

第三,事实上,不论对于哪类个性的幼儿,在对他们进行表扬及批评的时候,要尽可能采取多角度评价的方式。这样一来,既能发现幼儿的长处,使幼儿获得成功的体验,又能适时适当提出适宜幼儿发展的要求,既引导幼儿树立自信心,又促进幼儿全面发展。

 知识拓展

评价幼儿发展状况应当注意的几个方面

明确评价的目的是了解幼儿的发展需要,以便提供更加适宜的帮助和指导。全面了解幼儿的发展状况,防止片面化,尤其要避免只重知识和技能,忽略情感、社会性和实际能力的倾向。在日常活动与教育教学过程中采用自然的方法进行。平时观察所获的具有典型意义的幼儿行为表现和所积累的各种作品等,是评价的重要依据。承认和关注幼儿的个体差异,避免用统一的标准评价不同的幼儿,在幼儿面前慎用横向的比较;以发展的眼光看待幼儿,既要了解其现有水平,更要关注其发展的速度、特点和倾向等。

四、奖励

幼儿教师对幼儿实施奖励时,应当注意以下几点:

第一,不轻易许诺。要注意培养幼儿自己的事情应当自己做,小朋友之间应当相互帮助,作为集体的一员应当爱护集体等方面的理念和习惯,而不能动辄以荣誉吸引或利益驱动幼儿。

第二,提倡以精神鼓励为主。当幼儿取得了成绩,诸如个人能力有了长足的发展,积极为小朋友、为班级、为园所、为家庭、为社会做了好事,做了贡献,一般来说首先应当给予的是精神鼓励,如及时的表扬、阶段性总结时的荣誉表彰等。

第三,选择对幼儿有意义的物质奖励。如果认为确有必要对幼儿实施物质奖励,最好选择对幼儿成长如学习、生活等有积极价值,幼儿很需要而且喜欢的奖品给幼儿以奖励。

第四,一旦许诺要言而有信。幼儿是很纯真的,成年人的话他们一般会信以为真。承诺了某些奖励,就一定要兑现,正所谓言而有信。如果幼儿教师在幼儿那里失去了信任,以后再对幼儿实施教育,效果可想而知。

 内容拓展

曾子杀彘

曾子之妻之市,其子随之而泣。其母曰:"汝还,顾反为女杀彘。"妻适市来,曾子欲捕彘杀之。妻止之曰:"特与婴儿戏耳。"曾子曰:"婴儿非与戏也。婴儿非有知也,待父母而学者也,听父母之教。今子欺之,是教子欺也。母欺子,子而不信其母,非所以成教也。"遂烹彘也。

思考与讨论

请同学们在老师指导下或通过查找资料,将《曾子杀彘》翻译成现代白话文,并说说自己从《曾子杀彘》中得到的启示。

本节学习、讨论了幼儿教师对幼儿进行表扬、奖励时应当注意的有关问题,在对幼儿保育和教育的实践过程中,幼儿教师还应当注意引导幼儿正确地对待表扬和奖励:当自己得到表扬、获得奖励时,要戒骄戒躁,将表扬和奖励化作继续努力的动力,争取更大的成绩;当看到他人得到表扬、获得奖励时,除了为对方高兴,还要自觉向对方学习,取人之长,补己之短。通过引导幼儿之间相互学习,营造互帮互学、共同进步的优良班风,促进保育和教育质量不断提高。

第二节　批　评

对幼儿进行批评,主要是指对幼儿不恰当甚至不正确的表现给予否定的评价。本节中我们主要学习、讨论幼儿教师在对幼儿进行批评时应当注意的几个问题。

一、批评要注意时间和场合

幼儿教师要尽量不在入园时、进餐中、午睡前批评幼儿。这是因为,入园时批评幼儿,可能会破坏幼儿一天的好心情;进餐中批评幼儿,会影响幼儿的食欲;午睡前批评幼儿,会影响幼儿的睡眠。

幼儿教师要特别注意在公共场合批评幼儿的艺术。这是因为,在公共场合批评幼儿,如果方式方法欠妥,就很可能伤害到幼儿稚嫩的自尊心。一般地,即使幼儿是在公共场合表现不当,如果当时没有造成明显的后果,可以等私下找合适的机会单独和当事幼儿交谈,这样幼儿接受和改正的效果或许更好。这是因为私下批评比当众批评往往更容易让人接受;"冷处理"可能既给当事者留下自我反省和修正的空间,又让教师做好与当事者谈话的更加充分的思考和准备。

调查统计与分析研究证明,如果在幼儿在入园时、进餐中、午睡前、公共场合,哪怕是上述时间段和场合的其中之一经常批评幼儿,往往会对幼儿的身心健康造成消极影响,不利于幼儿的身心发育,这应当引起幼儿教师的注意。

二、批评要有针对性

幼儿教师要做到对幼儿的批评具有针对性。

第一,在批评幼儿前,一定要先把幼儿的表现事实弄清楚,真正做到以事实为依据,对幼儿进行相应的批评。尤其当信息只是来自有关幼儿的反映时,更应当注意先弄清楚事实真相,再决定是否对有关幼儿进行批评以及如何批评。反之,如果人云亦云,听风是雨,就有可能对幼儿产生误解、误会,这样的批评就会使幼儿受委屈。

第二,在对幼儿进行批评时,一定要就事论事。所谓就事论事,包括以下两个方面的含义:一方面,只论此事,不论他事,即俗话说的"有一说一",不能"翻旧账"式地把幼儿曾经出现过的问题再翻出来数叨,哪怕是在某个方面反复出现问题或者在几个方面均都存在不足的幼儿,都不能采取这样的批评方式;另一方面,不能"一棍子把人打死",要让幼儿体会到,世界上没有十全十美的人,出现问题不要紧,只要自己认真改正,老师仍然是爱他(她)的,其实老师一直都是爱他(她)的。

思考与讨论

现实中,当大家知道某位同学被教师批评以后,往往产生各种不同的心态,流露出各种不同的表现。请说说这些心态、这些表现的类型。你认为哪些心态与表现是积极的?

三、批评要把握好尺度

幼儿教师要把握好对幼儿批评的尺度。

第一,要控制好自己的情绪,斟酌使用恰当的语言。要按照《3—6岁儿童学习与发展指南》中要求的那样,以尊重幼儿为前提,注意语言文明。不可说令人泄气的话,不可说过激的话刺激幼儿,尤其要注意淡化贬抑的感情色彩,更不能对幼儿做出不可救药的结论性评价。现实中,在批评幼儿,尤其是在批评问题比较突出,或者反复出现同一类问题,或者几个方面都不令人满意的幼儿的过程中,有的幼儿教师情绪失控、态度失控、语言失控,甚至措施失当,导致批评的效果走向预期的反面,这应当引起我们高度重视。

第二,要把握好被批评幼儿的心理承受能力,因人而异,使批评能够易于被幼儿接受。例如,对于那些性格比较内向、胆量比较小的幼儿,抑扬结合式的批评、协商讨论式的批评、轻声细语式的批评,可能比单刀直入式的批评、暴风雨式的批评,甚至威胁式的批评,更容易被他们接受,效果也就更好;对于那些平时自觉性较高,偶尔出现问题甚至是无意中出现过失的幼儿,一个眼神、一种表情、一个动作,可能就会让他们理解自己的问题所在,就会让他们自觉改正。此时无声胜有声,何必再去唠唠叨叨地浪费口舌呢?

四、批评要与教育相结合

1.引导幼儿虚心接受批评

幼儿教师要通过引导、教育以及实践锻炼,让幼儿渐渐明白并逐步做到以下三个方面:

第一,认真倾听、虚心接受他人的批评,能够更快捷、更全面地发现自己的不足,找到改正、改进的方式和方法,促进自我完善。反之,自己出了问题,没有人批评指出,自己又发现不了,认识不到,问题就可能一直存在下去,最终受害的还是自己。

第二,认真倾听、虚心接受他人的批评,也是对他人的尊重,是一种文明礼貌的表现。

第三,即使他人的批评很直接甚至有些尖锐,也应该认真倾听,虚心接受,而且要向对方表现出积极的态度。例如,向对方表示由衷的感谢;如果自己出现的问题和对方有关,向对方表达真诚的歉意。

现实情况中,不少幼儿可以做到倾听并接受来自师长的批评,但对同龄小伙伴的批评却往往不愿接受,有时还强词夺理甚至反唇相讥。对有这种表现的幼儿,幼儿教师应当引导他们对批评者一视同仁——只要批评得有道理,即便批评来自小伙伴,也应当虚心接受,勇于承认自己的问题所在、责任所在。

除了引导幼儿虚心接受他人的批评外,幼儿教师还要注意引导幼儿学会借鉴他人的教训——当发现他人出现问题,或者发现他人受到批评时,检查自身是否也存在同类问题,而且要做到有则改之,无则加勉。

2.引导幼儿积极纠正问题

在引导幼儿认识到问题所在的基础上,幼儿教师要引导幼儿找到改正的方法、改进的措施,并积极落实。例如,当发现幼儿出现问题时,可以用"你感觉这样可以吗?""你这样会……""我认为……比较好""用这种方法来试试"等与幼儿交谈,引导他们认识到自己的问题所在,找到改正的方式方法。当然,也可以提出不同的意见,引导幼儿分析,从中选择最佳的改正方案。反之,如果只是一味地指责幼儿,会让他们因为不知所以然而手足无措。我们说,让幼儿知道错,但是不知道错在哪里,更不知道如何改正,这样的批评不能达到批评的真正目的,是不完整、不完善的。

为了让幼儿学会接受批评,在幼儿做出改正、改进以后,不妨有意识地让其对是否纠正问题导致的结果进行对比,这样他们往往会明白接受批评的益处所在,还会努力让同样的问题不再出现。实际上,当幼儿学会了"善待"批评,批评完全可以如同表扬一样,成为鼓励幼儿前进的春风,而且会起到表扬难以起到的警示作用。

🔍 示范案例

乱涂的悦悦也能画出美好"家园"

大班的悦悦很喜欢画画,可就是经常乱涂乱画。在一次美术课上,孙老师让小朋友画自己喜欢的家,其他小朋友都在聚精会神地画,而悦悦却又画了许多杂乱的线条。孙老师微笑着问:"悦悦,我们要画的是自己喜欢的家啊,这样的家悦悦喜欢吗?"悦悦有些害羞地说:"不喜欢。"孙老师提醒悦悦:"老师发给每个小朋友的画纸都是有数的,悦悦随意涂画,都浪费掉了,可就画不成自己喜欢的家了啊!"听了孙老师的话,悦悦抬起头看着老师,好像若有所悟,有点儿后悔的样子。孙老师接着对悦悦说:"记得悦悦上次画的有月亮和星星的天空很美啊,相信这次只要好好画,悦悦一定能画出一幅自己喜欢、大家喜欢、老师也喜欢的《家园》来。"孙老师话音刚落,悦悦赶忙铺开一张画纸认真地画起来。

活动一结束,悦悦果然交给孙老师一幅《家园》:蓝天,白云,微笑的太阳,大树下的小房子,小房子门前的草坪,草坪上的小狗。

在活动讲评环节,孙老师表扬悦悦的画内容设计丰富,色彩搭配自然,还激励悦悦说:"相信悦悦会越画越好,还有可能成为小画家呢!"听了孙老师的表扬,悦悦圆圆的小脸上激动地泛起了红光。

五、正确处理误会、误解

现实情况中,有时幼儿可能并没有做错什么,但由于误会、误解,结果莫名其妙地受到批评。作为天性率真的幼儿,被误解以后往往表现出成人难以理解的委屈和难受。作为幼儿教师,要注意以下几个方面:

第一,一定要理解并接纳幼儿的这种心态和情绪。

第二,引导幼儿在倾听完他人的批评以后,冷静地想一想,如果真的是自己被误解,要争取主动,把事情原委讲清楚。当然,要引导幼儿,在解释过程中情绪心平气和,态度实事求是,还要让幼儿明白,解释的目的是帮助他人弄清楚事实真相,并不是为了掩盖事实真相,更不是推卸自己本来应负的责任。

第三,如果幼儿教师因为对幼儿产生误会、误解,让幼儿受到不应有的批评,让幼儿受了委屈,一定要勇于认错,主动道歉,积极消除对当事幼儿的消极影响。为了尽可能避免对幼儿的误会、误解,甚至导致对幼儿不应有的批评,在此特别提醒大家,在了解事实真相及批评幼儿的过程中,尤其要注意给幼儿解释的机会。幼儿教师应当明白,让幼儿虚假地表示接受批评,但心里大感委屈,实际上不仅于事无补,还可能会引发种种心理问题;通过幼儿的解释,有可能更全面、更清楚地了解事实真相,有可能消除对当事幼儿的误会、误解。

第四,积极主动地引导幼儿除了解释清楚事实原委外,通过其他适当途径和方式方法如转移注意力等,排解、消除消极情绪的影响。

六、慎用对幼儿的批评

幼儿保育和教育的实践以及科学研究证明,适时、适当、适宜的教育惩戒是必需的,甚至是必须的。但是,从总体上讲,幼儿教师对待幼儿还是应当慎用批评,毕竟就像前面所说的那样,包括幼儿在内,绝大多数人是喜欢被表扬的,尤其是对于天性率真的幼儿,表扬能够产生更大、更多的正能量。

幼儿教师要做到慎用批评,就要树立对幼儿正确、客观的认识。我们说,许多在成年人看来的不恰当甚至不应该,对处于人之初阶段的幼儿来说,大多是他们天性率真的表现。这就提醒我们要理解幼儿,宽容幼儿。正像有人总结的那样:好孩子是夸出来的,不现实的想法需要科学引导,无意间的过失要在原谅的基础上加以矫正。

 内容拓展

自然后果法

自然后果法也称自然后果惩罚法,是指法国启蒙思想家卢梭提出的一种关于儿童教育的方法,后由英国教育家斯宾塞进一步发展。

自然后果法的基本观点是:基于少年儿童的理智尚处于所谓睡眠状态的观点,卢梭反对对他们进行说理教育,也反对对他们施以严酷的纪律和惩罚,而是主张让他们通过体验其过失的不良后果去认识错误,吸取教训,通过学会服从“自然法则”,自行改正。例如,在儿童损坏他所使用的家具时,不加惩罚,也不要急于给他更换新家具,而让他感到没有家具的不便,从而发现和改正自己的错误。

采用自然后果法时应当注意三点。第一,自然后果法是安全的放养,而不是不计后果的放养。最好在孩子青春期之前运用,尤其在学龄前使用是最安全的时期。这段时期孩子面对的大多是生活琐事,没什么危险。第二,教育者要做的,不是拿各种条件和后果“胁迫”孩子,阻止孩子做某些事情。而是"告知"孩子这么做可能有哪些后果，然后由孩子自己做出选择。自然后果法的使用态度很重要，"事不关己，高高挂起"的姿态会发挥足够的效力。第三，自然后果法重视的是后果的发生给孩子带来的内心感受，如果教育者本着不让后果发生的想法，那就失去了自然后果法对儿童的意义。

七、幼儿教师要做自我批评的表率

幼儿弱小的年龄特点与稚嫩的心理特征，决定了他们鉴别能力较差，模仿能力较强，爱好有样学样。所以，成人对待错误的方式在很大程度上会影响到幼儿。为了给幼儿树立勇于承认错误并能积极改进的榜样，幼儿教师应当在幼儿面前做自我批评的表率。否则，如果幼儿教师自己做错了事情却不愿意承认错误，会影响幼儿为了逃避批评而不愿意面对自己的问题。

幼儿教师要在幼儿面前做自我批评的表率就要做到以下两个方面：

第一，一旦自身在幼儿面前出现不该有的表现，哪怕是出现过失或失误，一定要自觉检讨，主动承认问题的所在并积极改正，尤其是当自身不该有的表现被纯真的幼儿指出的时候，更应当如此。

第二，就像上面"六、慎用对幼儿的批评"所讲的那样，一旦因为自己的责任，导致了对幼儿不应有的批评，让幼儿受了委屈，一定要勇于认错，主动道歉，积极采取措施消除对当事幼儿的消极影响。

本节学习、讨论了幼儿教师对幼儿的批评应当注意的几个问题，在幼儿保育和教育实践过程中，除了幼儿教师对幼儿开展批评以外，幼儿之间相互批评，幼儿对教师提出意见和建议，都是现实的，也是正常的。所以，"如何做出批评才能使对方虚心接受？"也是幼儿应当学习、锻炼的内容。幼儿教师可以通过向幼儿总结自己对幼儿的批评，通过引导幼儿之间开展具有积极意义的相互批评，鼓励幼儿对教师提出意见和建议，帮助幼儿学习正确对他人做出批评，带动师幼之间、幼幼之间形成真心关爱、坦诚相待、互学互鉴、共同进步的良好风气，促进保育和教育质量的不断提高。

思考与练习

1.幼儿教师对幼儿的评价主要包括哪几种类型？分别主要通过什么手段实施？

2.幼儿教师怎样从幼儿身上发现、挖掘闪光点？

3.为什么说对幼儿的表扬要具体、恰当？

4.怎样才能做到对幼儿的表扬恰当？

5.举例说明对于不同性格的幼儿，最好分别采用怎样的表扬方式。

6.为什么不提倡动辄表扬幼儿或者奖励幼儿？

7.幼儿教师要尽可能避免在哪些时间段对幼儿开展批评？

8.幼儿教师应当注意哪些问题，才能做到对幼儿的批评具有针对性？

9.有的幼儿看到小伙伴受到批评时冷漠观望，还有的幼儿甚至幸灾乐祸。谈谈你作为幼儿教师遇到这样的"观众"时的处理办法。

10.举例说明幼儿教师批评幼儿的最终目的。

11.通过总结本章内容，谈谈幼儿教师如何做才能尽可能避免对幼儿的误会和误解。

12.下面给出的是我国著名教育家陶行知先生的经典教育案例——"四块糖果"的故事，请大家认真学习，并以《"四块糖果"的启示》为题，写一篇读后感，召开一次"关于对幼儿的表扬与批评"的主题班会，并以全班同学的读后感为基础材料，在班级举办一期"关于对幼儿的表扬与批评"的专栏。

陶行知先生任育才学校校长时，有一天在校园里巡视，看到一名男生用泥块砸同学，就及时制止了他，同时让这个学生去自己的办公室。一会儿，当陶先生回到办公室时，看到那名男生已经来了，便掏出第一块糖递给他："这是奖励你的，因为你很准时，比我先到了。"学生刚接过来，陶先生又掏出了第二块糖："这也是奖励你的，我不让你打人，你立刻就住手，说明你很尊重我。"该男生将信将疑地又接过了糖。见此情景，陶先生又掏出了第三块糖："我调查过了,你用泥块砸人,是因为他们欺负女生,说明你有正义感。"这时,那名男生流下了眼泪："校长,我错了! 不管怎么说,我用泥块打人是不对的。"陶先生这时又掏出了第四块糖："你已经认错,我们的谈话也结束了。"

第五章

与家长个别联系沟通礼仪

本章导引

　　幼儿年龄幼小,心智稚嫩,自理能力薄弱,家长在很大程度上参与幼儿的保育和教育,幼儿教师和家长联系沟通比其他阶段的教育更为重要,实际上的机会也更多。

　　本章中我们将学习、讨论幼儿教师与幼儿家长个别联系沟通的礼仪,主要包括与家长面谈礼仪,使用电话、新媒体与家长联系沟通礼仪及与家长书面联系沟通礼仪。

　　需要说明的是,为了开阔同学们的专业知识视野,提升同学们的职业能力水平,本章内容在有关"礼仪"的基础上进行了适当拓宽,供同学们学习、讨论和借鉴。

第一节　与家长面谈礼仪

　　在幼儿入园和离园时,在有关乎幼儿的重要问题需要和家长当面交流时,在家访时,幼儿教师都需要和幼儿家长当面交谈,即所谓面谈。本节我们针对上述几种面谈就其礼仪进行学习、讨论。

一、入园、离园面谈礼仪

1.入园面谈礼仪

每天早晨幼儿入园的时间段,幼儿教师尤其是值班教师,除了和送幼儿入园的家长打招呼外,通常还会与家长进行短暂的交流。在这一过程中应当注意以下四点:

第一,始终做到热情、文明、礼貌地接待家长。例如,身体稍微自然前倾,面带微笑,语调亲切平和。

第二,认真对待家长委托的事项。例如,耐心倾听完家长的嘱托以后,如果感觉家长的要求合情合理,自己能够做到或者通过协调、协助能够做到,就向家长做出明确的承诺。对于家长不合理或者不现实的要求,要做好解释工作。

第三,对待幼儿祖辈的家长,要视为长辈,尤其予以尊重。

第四,如果是第一次和家长见面,注意介绍一下自己,诸如姓名、联系方式、工作职责等,当然最好也留下家长的联系方式。

2.离园面谈礼仪

每天下午幼儿离园的时间段,幼儿教师除了和接幼儿离园的家长打招呼外,通常还会针对幼儿在园接受保育和教育的情况、家长嘱托事项的办理结果、特殊幼儿的保育和教育、特殊事项的处理结果、幼儿回家以后有关事项、征取家长配合的事项等,和家长进行短暂的交流。在这一过程中应注意以下七点:

第一,与家长交流前要征求家长的意见。例如,客气地问一句"请问占用您三五分钟时间交流一下您孩子的情况可以吗?",征得家长同意后再与其进行交流。

第二,要珍惜家长的时间,简明扼要地交流有关内容。

第三,反馈幼儿在园情况时,要以真实观察到的情况为基础,将幼儿的突出表现反馈给家长。尤其是对个别在园出现问题的幼儿,更要注意实事求是,还要注意考虑家长的感受,不能以告状的态度和方式进行交流,也不能在公开场合进行交流。要指导家长客观评价幼儿,协助教师纠正幼儿的问题,改进幼儿的不足。

第四,在反馈家长嘱托事项的办理结果时,要征求家长对处理结果的意见,便于今后开展同类工作时心中有数,需要改进的要及时改进。

第五,在交代争取家长配合的事项时,要说明具体要求。

第六,如果来园接幼儿的人不是幼儿的直接监护人或者不是有关任务的完成者,除了与其简明扼要地进行交流外,如有必要,要采用适当方式和幼儿的直接监护人或者有关任务的完成者另行交流。

第七,如果发现来园接幼儿的人不是通常来接幼儿的家长,而又没有接到家长的通知,既要注意严格按规定办理,又要注意态度平和、方式文明、方法恰当。

🔍 案例与分析

龙龙的鼻子被撞破以后

案例:早晨,送龙龙去幼儿园的龙龙妈妈刚刚赶到幼儿园,就对站在大门口迎接入园幼儿的小马老师发起了牢骚:"马老师,班里的孩子把我家龙龙的鼻子撞破了,您应该知道吧?"听到龙龙妈妈的发问,小马老师一脸尴尬的样子。

原来,在前一天上午玩捉迷藏游戏中,杰杰和龙龙不小心相撞,龙龙的鼻子被撞破了。小马老师及时为龙龙止住了血,洗了脸,看到没什么大碍,又发现本来就胆小的杰杰在一旁吓得愣愣的,就安抚了龙龙和杰杰,嘱咐大家奔跑时要小心,就又让大家继续玩游戏了。龙龙妈妈在吃晚饭时问龙龙在幼儿园的情况,知道了龙龙鼻子被撞破的事情,心里的结总觉得解不开,第二天一见到小马老师不由得就发起了牢骚。

分析:如果小马老师利用幼儿下午离园前后的机会,主动和龙龙、杰杰的家长进行沟通,将两个小伙伴相撞的经过以及自己的处理方法翔实地告诉两位家长,当然,如果能够做到除了自己向家长尤其是龙龙家长表示歉意外,再和杰杰家长单独做好沟通,引导杰杰家长也向龙龙家长表示歉意,即使龙龙家长心疼龙龙鼻子被撞,在发现没有什么影响后,也不至于当面向老师发牢骚。

二、与家长约谈礼仪

在有关乎幼儿的重要问题需要和家长当面交流的时候,可以约谈家长。

1.约谈工作准备事项

与幼儿家长约谈之前,幼儿教师应就有关事项做好准备。

第一,拟订与幼儿家长谈话的核心话题。

第二,与家长联系,告知家长约谈核心话题,并就家长来园约谈时间进行商定。

第三,围绕核心话题,就约谈内容做好准备。例如,拟订约谈提纲,筛选、整理好幼儿在园相关资料。

第四,家长即将来园时,一方面要准备好约谈具体地点,有条件的幼儿园最好能选择在接待室与家长进行交谈,否则也应选择比较安静的场所,尤其是约谈问题幼儿的家长时,一定要注意约谈场合的选择能够考虑到家长的自尊;另一方面要处理好其他有关事务,做到集中精力迎接家长并与家长进行交谈。

2.约谈过程注意事项

（1）接待礼仪

幼儿教师要以热情、亲切的态度和端庄、大方的仪态迎接幼儿家长。例如,见到家长主动问好(疫情防控常态下不提倡握手礼),对家长的到来表示欢迎,为家长提供一个舒适的座位、一杯茶水,教师的座位、座次要显得与家长平等。

？ 思考与讨论

请同位模拟:男、女幼儿教师分别在接待室、办公室接待幼儿的男家长、女家长时,座次如何安排更合适?

（2）交谈礼仪

第一，平等地与家长交流。不能责怪家长，不能以居高临下的态度教训家长，不能以"应该""必须"等口气对家长发号施令。

第二，采用家长易于理解、容易接受的方式进行交流。例如，采用家长能够理解的语言，向家长展示平时积累的有关幼儿的资料等。

第三，准确、翔实地向家长反映幼儿的成长状况，客观、全面、辩证地对幼儿进行评价。在谈到幼儿的表现时，优点要表述得具体一些，缺点更要以事实为依据，让家长有比较确切的了解，便于家长协助教师对幼儿进行引导、教育。不可随意将幼儿进行比较，尤其不可用其他幼儿的优点与所评价幼儿的缺点进行比较。

第四，对核心话题，要注意心平气和地与家长开展讨论，注意倾听家长的心声，深入了解家长的想法，既虚心接受家长的正确意见和建议，又给家长以科学而有针对性的指导，最终找到既适合幼儿，又能被教师和家长共同接受的幼儿保育和教育的有效途径和方式方法。

（3）结束、送别礼仪

第一，以双方都感到愉悦的心情结束约谈。

第二，对家长配合工作表示谢意。

第三，将家长送到接待室或办公室门外，如有必要，也可以送到幼儿园大门里侧甚至大门口外；送别时要主动为家长开门，要目送家长离开后再返回。

需要说明的是，有时家长也会针对幼儿有关问题，主动邀请幼儿教师进行专门交谈，这时，上面学习、讨论的内容可供教师借鉴。

三、家访礼仪

家访是指幼儿教师对在园或即将入园的幼儿家庭有目的、有计划地进行访问。一般地，幼儿教师家访时需要处理好以下几个问题。

1.明确家访目的与内容

家访的目的一般包括五个方面：一是宣传党和国家关于幼儿教育的

政策,二是介绍幼儿园、幼儿教师对幼儿实施保育和教育的计划安排和实际情况,三是交流幼儿在园成长状况,四是实地考察、了解幼儿成长的家庭环境,五是就幼儿保育和教育的有关专门问题进行座谈、协商等。

具体到某一次实际的家访,如新学期开始的家访、期中或期末家访、假期家访、突发事件家访、特殊家庭幼儿定期家访、问题幼儿家访、生病幼儿慰问等,目的往往有所侧重。

在明确了家访目的的前提下,要计划好当次家访的具体内容,并准备好当次家访所需要的资料与材料。

家访以前,要以适当的方式将家访的主要目的和内容向幼儿家长说明,如果确有需要幼儿回避的问题和家长座谈,可以提前告知家长,提醒家长有所准备。

2.约定家访时间与地点

家访时间,包括什么时间家访、家访大约用多长时间。约定家访时间时应注意以下事项:

第一,幼儿园按照工作计划集中安排的家访,一般会提前集中向幼儿家长发出通知。

第二,教师在与家长约定具体家访时间时,既要考虑教师自己的时间安排,又要照顾家长的时间安排。

第三,如果不得以约定在中午和晚上,家访时间尽可能不要太长,以免影响下午工作、晚上休息。

家访地点一般是在幼儿家里。但是,由于家长的时间安排以及其他原因,也有不方便在家里进行家访的情况。这时,教师要在理解的基础上,耐心与家长另行协商合适的家访地点。

3.礼貌进门与落座

教师家访时,应注意以下几点:

第一,要注意自身仪容仪表,做到衣着得体、卫生整洁。如果化妆,一定要化淡妆。

第二,到了幼儿家门口,要先轻轻叩门,见到来人开门要问好,对不认识的人开门,要做自我介绍,要礼貌地问一句"这是某某家吗?",确认且得到允许后方可进门。即使门是开着的,即使幼儿家长站在大门口迎接,在没有得到允许前,也不要轻易进去。遇雨天且带了雨具时,要注意雨具的存放,不可弄湿幼儿家地面尤其是地板。

第三,进门后要视情况决定是否更换拖鞋;见到幼儿家中的人要问好;若遇家长让座,落座时要说声"谢谢",坐姿要端庄、自然;若遇家长上茶,要欠身道谢,喝茶不可发出声响。

第四,进入幼儿家中后不可东张西望,未经邀请不能随意走动,更不能随意翻动东西。

第五,如果幼儿本人在家,要注意和幼儿打招呼。

第六,沟通过程中如有人来,要轻轻起身与来人打招呼。

4.围绕家访目的和任务与家长搞好沟通

第一,当面向幼儿家长说明家访目的和任务时,要抓住要点。

第二,向家长介绍幼儿在园情况时,对于存在这样或那样不足的幼儿,不能以向家长告状的态度和方式向家长介绍幼儿在园情况,不能向家长推脱教育责任甚至训导家长教育的缺失。要耐心与家长一起寻找幼儿出现问题的根源,倾听家长对导致幼儿出现问题的原因的判断。

第三,向家长了解幼儿在家情况时,要紧扣与幼儿成长有关系的要素,不可有意打听幼儿家庭和家人隐私。

第四,征求家长关于幼儿保育和教育的意见和建议时,要态度诚恳,认真倾听。

第五,协商问题解决方案时,需要家长协助解决的问题,要客气地请求家长给予支持,自己能把握的问题可当场答复,需要向领导汇报才能解决的问题以及有异议的问题,要向家长做出专门答复的说明。

第六,如果和家长沟通时幼儿在场,不可忽视幼儿的存在,在介绍幼儿在园情况时,可以问问幼儿:"是不是这样子的?""老师说的对吗?"还可以用征求意见的口气征求幼儿对幼儿园、教师及家长的意见和建议。如果幼儿有单独起居的房间,需要观察时,也要客气地征求家长的意见。

第七,如果需要家长填写有关问卷,则要耐心协助家长认真填写完善。

第八,如遇特殊情况需中断家访,可与家长约定另行联系完成相关内容。

5.按计划结束家访并做好有关后续工作

除非有特殊情况,否则一般都要按照计划的内容和时间结束家访。家访结束,要先向幼儿家长表示感谢,再做告别。家访后,要及时做好家访记录,根据家访得到的信息完善幼儿保育和教育的计划与方案。对其他有关需要向家长回复的问题,要按照家访时的约定将结论向家长回复。

第二节　使用电话、新媒体与家长联系沟通礼仪

电话联系沟通,是幼儿教师和幼儿家长常见的联系沟通方式;新媒体技术为幼儿教师和幼儿家长联系沟通提供了短信、QQ、微信、家校通(如掌通家园)、网站等多种形式的平台。本节我们就幼儿教师利用电话和新媒体与幼儿家长联系沟通的礼仪进行学习、讨论。

一、电话联系沟通礼仪

幼儿教师与幼儿家长的电话联系沟通,用于特殊事件尤其是应急事件需及时通知家长、阶段性交流又不方便当面座谈、通过其他渠道发送内容较长信息后告知家长或者验证家长是否收到等多种情况。

幼儿教师与幼儿家长进行电话联系沟通要注意以下几个方面:

第一,要注意选择恰当的具体时间。例如,除非特殊情况主要是应急情况,否则不可在人们习惯的用餐时间、休息时间给家长打电话。

第二,电话联系沟通前,要做好有关准备,尤其是准备好联系沟通的内容,即使是一般性联系沟通,也要打好腹稿。

第三,电话转接过程中,如果响铃几次却暂时无人接听,或者提示"正

在通话中,请不要挂机",一般要等到提示"暂时无人接听,请稍后再拨"后挂机。挂机后可采用微信、短信等形式给对方留言。如果电话内容急需告知家长,可连续拨打几次,若仍然不通,再及时采取其他方式联系家长。

第四,电话接通后,要先问好,确认对方身份,对方不明确打电话人的身份时,要做简单的自我介绍。除非遇应急事件,否则一般打电话时最好客气地问一句"现在您有时间吗?"或"我能占用您一点儿时间和您交流一下您孩子的情况吗?",然后再说具体内容。传统的电话通话,双方相互不能看到表情,只能靠语气和遣词造句来感觉对方的情绪和要表达的内容,所以,一定要控制好自己的情绪,并选择恰当的语言表达电话内容。例如,称赞、表扬幼儿时要以肯定的态度;指出幼儿存在的问题时语气要委婉;告知幼儿出现应急情况时,内容要具体,要稳定住家长的情绪。当家长不能控制情绪,言语表达失当时,教师更要稳定住情绪,并尽可能引导家长平复情绪,使沟通能够继续进行。

第五,通话结束前,一般要问对方"您还有什么要说的吗?";通话结束前,要向对方表示感谢,和对方说声再见,等对方先挂电话后自己再挂电话。

第六,做好电话记录;对需要解决的问题、结论如何都要注意回复。

🔍 案例与分析

"萱萱出事了"

案例:户外活动时,萱萱不小心摔倒,把一只胳膊摔着了。刚刚担任班主任的小周老师立即将萱萱送到本园卫生室。医生检查后判断萱萱胳膊脱臼,周老师及时把萱萱送往最近的医院治疗。在路上,周老师着急地拨通了萱萱妈妈的手机:"萱萱妈妈,萱萱出事了,我们现在正把她送往××医院,你赶快到医院来吧!"萱萱妈妈坐了邻居的车火急火燎地赶到医院,等见到萱萱,看到她脱臼的胳膊已经复位了,也不哭了。向医生问明了萱萱的情况后,萱萱妈妈板着脸对周老师说:"周老师,你把我吓得腿都软了,幸亏邻居在场,不然我都来不了医院了。"听了萱萱妈妈的话,周老师一脸茫然。

分析:萱萱摔伤后,周老师及时带其就诊,并通过电话告诉家长的方式是正确的,但是,周老师向家长告知幼儿具体伤情的方法是不对的。她不仅将自己着急的情绪带到了通话的语气中,还用了一句不着边际的"萱萱出事了",使萱萱妈妈"吓得腿都软了"。当萱萱妈妈看到自己孩子脱白的胳膊已经复位时,对周老师有怨言也在情理之中。

同学们可以针对上述案例就周老师应当怎样恰当地向家长告知萱萱摔伤胳膊的事情进行讨论。

二、新媒体联系沟通礼仪

利用新媒体技术,联系沟通的双方既能发送文字信息,图片,音、视频资料,又能进行音、视频通话,在传递信息的同时,还可以看到对方的表情。

关于音频通话礼仪,可借鉴电话联系沟通礼仪有关内容;关于视频通话礼仪,可借鉴面谈礼仪有关内容。

幼儿教师利用新媒体发送文字信息,图片,音、视频资料和幼儿家长联系沟通,主要包括发送活动通知、活动总结,反馈幼儿在园情况,了解幼儿在家情况,为幼儿或家长答疑解惑,协商解决有关问题,节假日以及特殊情况的问候、慰问等。在进行上述联系沟通时,应注意以下三点:

第一,总体上看,要注意内容完善、用语恰当、条理清晰、简明规范。图片,音、视频资料还要注意清晰、美观。

第二,视联系沟通内容不同,具体要求有所侧重。有关文字性资料,虽然采用的联系沟通手段是新媒体,但具体内容的编写与传统的同类文字资料的编写要求是相通的,可参考本章第三节"与家长书面联系沟通礼仪"相关内容。这里需要说明的是,发送的资料如果需要确认对方是否收到,要在结尾处特别注明"收到请回复",对于在规定时间内没有回复者,需进行进一步确认。

第三,注意保护幼儿、家长、幼儿园包括幼儿教师本人的隐私。例如,和个别幼儿、家长针对有关特殊情况的对话,有关图片和视频资料,一定不要随意扩散、传播。

 内容拓展

幼儿教师和幼儿家长联系沟通礼貌用语示例

联系个别家长沟通交流:对不起,耽误您一会儿时间,我想和您交流一下关于××的情况可以吗?

联系家长配合幼儿保育和教育:您好!今天您的孩子××不舒服,您看是不是带他去医院看看?谢谢您的配合;近期我们园举行××活动,真诚邀请您参加,相信有您的参与和支持,活动一定会更精彩。

安抚问题幼儿家长:请您不要着急,人无完人,孩子更难以避免出问题,我们一起引导孩子,一定会好起来的。

提醒家长注意幼儿回家后的有关事项:回家后您还要多费心观察××,有什么需要我做的,尽管与我联系。

家长反映问题:谢谢您的信任!请您放心,我会尽量解决,不管结论如何,我都会及时给您回复。

家长之间发生冲突:别着急,孩子在园发生的事情,我有责任,您有什么意见和我说,我们好好商量;孩子之间的问题,我们可以引导他们自己解决,相信他们会解决好,还会成为好朋友。

家长晚接孩子:没关系,请您今后商量好谁来接××,免得孩子着急。

家长馈赠礼品:您的心意我领了,但礼物不能收,照顾孩子是我应该做的,请您一定不要客气。

第三节　与家长书面联系沟通礼仪

本节中我们学习、讨论幼儿教师与幼儿家长采用书信和便条、家园联系册、家园联系专栏等联系沟通的礼仪。上述联系沟通采用的资料,既包括传统形式的书信、家园联系册以及家园联系专栏,又包括通过多媒体尤其是新媒体技术发送的电子版同类资料。

一、书信和便条礼仪

1. 书信

幼儿园或幼儿教师集中写给幼儿家长的书信,一般都要在其正上方独占一行写上标题即书信名称,如"关于××(写信原因)致××(收信对象)的一封信"。

书信由开头的称呼、问候语、正文、祝颂语、落款即署名和日期几部分组成。

第一,开头的称呼应在第一行顶格写,后加冒号,以示尊敬。具体应遵循长幼有序、礼貌待人的原则,选择得体的称呼。幼儿园或幼儿教师写给幼儿家长的信中一般称"尊敬的家长"。

第二,问候语一般用"您好""节日(节日名称)好"等,要单独成行,空两格写,以示礼貌。

第三,正文是信函的主体,可根据收信对象和所述内容的要求,灵活地采用不同的文笔和风格,但由于书信一般用于比较正规内容的联系沟通,所以要在家长能够理解的基础上使用规范的书面语言,且要表达完整、严谨、清晰、有条理,有关活动通知的书信,一般要写明活动名称、目的、组织者、参与对象、参与办法、目标等基本内容。需要家长配合的活动,配合内容要描述具体、翔实。

第四,正文最后一般用感谢、鼓励、期望的语句作为书信结尾。

第五,结尾后的祝颂语多用"此致""敬礼"两个词,其中"此致"排列在紧接正文末尾的下行处,"敬礼"需另起一行顶格安排。

第六,署名应写在祝颂语"敬礼"另起一行的靠右侧位置,一般应写全称或全名。

第七,署名下面另起一行以"××××年××月××日"格式注明写信时间。

书信的字体和版式设计、纸张样式,可以尽量美观,但要注意整洁、清晰、端庄、大气。

既可以采用纸质形式传递书信,又可以利用现代媒体技术发送电子版书信。采用纸质形式传递时,最好装在信封里发给幼儿家长,信纸如需折叠,应注意内容向里。信封上最好写上收信人名称。

🔍 示范案例

致即将入园幼儿家长的一封信

——关于对即将入园幼儿家访的通知

尊敬的家长:

　　您好!

　　首先,欢迎您的孩子即将成为我们幼儿园大家庭的一员。

　　为了让您的孩子尽快与其所在班级的老师认识,也让班级教师尽早了解您的孩子在饮食、起居、兴趣、爱好等方面的具体情况,便于您的孩子入园后对其进行有针对性的保育和教育,使其尽快度过初入幼儿园的不适应期,我园计划于下周组织您孩子所在班级的教师对您的家庭进行访问。每次家访大约需要半个小时,具体家访时间及有关事宜将由班主任与家长通过电话等方式预约、商定。

　　对您给予我们幼儿园工作的支持表示十分感谢,同时为家访给您带来的不便表示歉意。

　　再次谢谢您的理解、配合与支持。

　　此致

敬礼!

××幼儿园

××××年××月××日

2.便条

目前,传统意义上的纸质便条,在很大程度上已经被利用多媒体手段发送的"留言"代替。纸质便条除了在个别情况下可以作为证据使用、留存,一般只在家长不好联系,但也不是紧急情况的时候托人代为传递,尤其是在有意培养幼儿办事能力,让其为家长传递信息的时候使用。

无论是传统意义上的便条,还是目前利用多媒体技术发送的"留言",编写方法基本一致:第一,由于其内容较简单,编写时要力求篇幅短小,内容表达既要言简意赅,又要清楚、准确、完整;第二,注意称呼、问候、感谢等语句的恰当使用;第三,可以适当使用口语化语言。

二、家园联系册礼仪

家园联系册全称家园联系手册、家园互动联系手册,传统的家园联系册是纸质形式,由教师记录幼儿在园保育和教育的主要过程,尤其是幼儿的主要表现以及教师对幼儿的评价,传递幼儿园有关幼儿保育和教育的事项,推广幼儿保育和教育方法,在幼儿离园时将其带回家中,再由家长记录孩子在家的主要表现,提出有关咨询、建议等,幼儿入园时将其带回。目前,传统的纸质家园联系册多数被电子版形式替代,教师和家长通过多媒体技术(新媒体技术)完成家园联系册编制并相互传递。

教师在编制家园联系册时需注意以下六个方面:

第一,计划好家园联系周期。教师和家长利用家园联系册相互联系的周期包括每日、每周、每月等。纸质版家园联系册可以以一周或一月为周期,电子版家园联系册可以每日填写,也可以每周填写。无论是纸质版还是电子版,最后都附有学期末联系栏目。

第二,科学设计家园联系册,尤其要从整体上兼顾教师和家长各自填写内容所用空间及所占用的位置,还要注意整个版面布局的美观大方。目前,有商品化的纸质家园联系册出售和电子版家园联系册供付费下载。

第三,要精心筛选教师所填写的内容。例如,要选择那些能代表幼儿成长特色的材料,要选择那些家长最为关注的材料,要选择那些能反映幼儿园办园特色的材料。

第四,要认真整理教师所编制的内容。例如,字体要工整,表达要简明;表格要规范,表达要准确;图片以及音、视频资料要注意合理剪裁,保证资料清晰、完整、美观。

第五，要热情、耐心地指导个别家长编制好家园联系册。

第六，除了自己保护、保存好家园联系册外，还要引导幼儿和家长爱护、珍惜家园联系册。

图 5-1　家园联系册

思考与讨论

有人说："信息化时代，多媒体技术这么发达，哪里还有老师采用纸质书面形式和家长联系？"说说你对这一观点的看法。

三、家园联系专栏礼仪

传统意义上的家园联系专栏是幼儿园、幼儿教师为了让幼儿家长了解幼儿园以及幼儿班级，在幼儿园大门两侧、幼儿园主建筑前或门厅内、幼儿班级教室门口外侧专门设置的宣传专栏。目前，家园联系专栏也可以通过多媒体技术手段以电子版形式向幼儿家长专递。

家园联系专栏主要包括幼儿园和班级工作计划、工作报道、幼儿风采、幼教指南等版块。

在编制家园联系专栏时应注意：第一，认真贯彻党和国家幼教政策，紧密结合幼儿园工作实际，设计专栏版块，精选各版块内容；第二，各版块布局合理、和谐，整个专栏版面整洁、美观，大小标志醒目、协调；第三，专栏内容图文并茂,突出幼教特色。

图 5-2　家园联系专栏

思考与练习

1. 如果你在幼儿离园时发现来接幼儿的是陌生人,你打算如何处理?

2. 在与幼儿家长约谈之前应当做好哪些准备?约谈过程中应当注意哪些事项?

3. 家访的目的主要有哪些方面?家访就一定要去幼儿家中吗?为什么?

4. 家访过程中如果幼儿在家,幼儿教师要注意哪些问题?

5. 两人一组,协商设计一个话题,分别扮演幼儿教师与幼儿家长,模拟练习幼儿教师与幼儿家长的电话联系沟通。

6. 某幼儿教师以本班某幼儿为例,将其使用筷子的初学过程录制成小视频发到家长微信群里,并配了解说词,指出了幼儿动作的不正确之处,指明了相应的正确做法。你认为教师这样做合适吗?请说明原因。

7. 一般的书信由哪几部分组成?其中应当特别注意哪几部分的书写格式?

8.幼儿教师编制家园联系册时要注意哪些方面的问题？

9.有人说，家园联系专栏就是传统意义上的"墙报"，你如何理解这一说法？

10.阅读下面的案例材料，根据本章学习的有关内容，就争取家长协助，帮助虎子改掉"爱好打人"的不良习惯，解决虎子与娜娜的纷争，指出王老师的不当之处，给出你认为最完善的解决措施与方案。

上午，游戏课时间，小伙伴们正在利用玩具做游戏，娜娜突然哭起来，王老师立刻过来安抚娜娜，并询问原因。原来，娜娜发现虎子的玩具很好玩，想要过来玩玩，虎子不同意，娜娜就去虎子手里争抢，这下惹怒了虎子，他拿起铅笔就扎娜娜的手背。王老师问明了事情经过，查看了娜娜手背被扎的情况，发现没有被扎破，心里总算踏实了许多。王老师一方面指出娜娜争抢玩具的行为是不对的，另一方面对虎子用铅笔扎小朋友手的行为进行了批评。

下午，离园时间，家长们陆续来接孩子，考虑到虎子多次因为一些小事动手打小伙伴，教师多次对其进行教育，仍不见有明显的改正，王老师一气之下就当着虎子的面对虎子爷爷说："虎子哪里都好，就是爱动手打人，这不，今天又打人了——"王老师刚要说明虎子今天打人的原委，虎子爷爷脸上挂不住了，一气之下给了虎子一巴掌，结果，虎子哇哇地哭起来，指着身旁的娜娜说："是她先抢我的玩具的。"搞得娜娜无言以对，娜娜的爸爸也愣住了。听了虎子的话，虎子爷爷也感觉自己太冒失了。面对此情此景，王老师尴尬地不知道如何处理是好。

第六章

家长会和家长开放日礼仪

本章导引

　　幼儿教师除了采用个别联系沟通的方式与幼儿家长交流外,还会根据工作需要、客观条件等实际情况,采取集中联系沟通的方式和幼儿家长开展家园共育工作。

　　本章我们学习、讨论幼儿园及幼儿教师与幼儿家长集中联系沟通的礼仪,主要包括家长会礼仪和家长开放日礼仪。为了开阔同学们的专业知识视野,提升同学们的职业能力水平,和第五章一样,本章内容在有关"礼仪"的基础上也进行了适当拓宽,供同学们学习、讨论和借鉴。

第一节　家长会礼仪

　　本节我们在了解家长会性质、目的和类型的基础上,学习、讨论家长会的准备、进行以及会后事宜处理过程中应当注意的有关问题。

一、家长会的性质、目的和类型

1.家长会的性质

家长会是幼儿园、幼儿教师根据工作需要,以班级、年级、全园等为单位,集中与家长交流的一种家园沟通形式。

2.家长会的目的

总的来讲,不论哪种类型的家长会,都是通过与家长沟通交流达成以下目的:

第一,让家长更加了解幼儿在园情况,更加了解幼儿园和幼儿教师的工作,更加支持幼儿园和幼儿教师的工作。

第二,让幼儿园、幼儿教师更加了解幼儿在家情况,更加了解幼儿家长对幼儿的养育情况,便于有针对性地对家长进行育儿指导。

第三,集中解决具有代表性的某一个或者某一类问题。

具体到不同类型的家长会,目的又各有侧重。

3.家长会的类型

根据不同的依据,可将家长会划分为多种类型:

第一,根据参加家长会的幼儿家长的范围不同,可将家长会分为班级家长会、年级家长会、全园家长会等。

第二,根据家长会召开的时间节点不同,可将家长会分为学期初家长会、学期中家长会、学期末家长会等。

第三,根据家长会的功能和主题不同,可将家长会分为常规式家长会、宣传式家长会、咨询式家长会、慰问演出或会演式家长会、焦点问题式家长会(包括处理群体性突发事件的家长会)等。

二、家长会的准备

在召开家长会以前,幼儿园、幼儿教师要认真制订家长会工作计划,并按照工作计划做好精心准备。

1.确定家长会的内容与形式

家长会的目的不同,内容也不相同,教师需要根据召开家长会的目的确定家长会的内容。

下表列出了不同年龄段幼儿学期初家长会的一般性内容,供参考。

表6-1 不同年龄段幼儿学期初家长会的一般性内容

年级	小 班	中、大 班	备 注
家长会内容	新入园幼儿状况分析	幼儿现阶段实际情况分析	小班家长会可在会前发放一日生活常规学习材料;中、大班家长会可在会前或会后,展示幼儿成长档案
	幼儿在园一日生活流程	新学期保育和教育工作介绍	
	教师对幼儿的保育和教育	需要家长配合的工作	
	本学期幼儿各领域发展目标	教师与家长、家长与家长相互交流,尤其是请家长提出对幼儿园、幼儿教师的意见和建议	
	本学期主要活动		
	需要家长配合的具体工作		
	家长的意见和建议等		

家长会的内容决定了家长会的形式。例如,一般学期初、中、末的家长会,采取主持人宣布会议议程并主持会议进程、主讲人主讲、家长代表主发言、讨论与交流阶段自由发言、主持人总结的主要形式召开。

2. 选定家长会的时间与地点

家长会的时间,要考虑选择绝大多数幼儿家长能参加的时间段,如晚上、周末、节假日等。如果家长会时间较短,也可利用家长接幼儿的时间段召开。

班级家长会一般利用本班活动室召开,年级和全园家长会一般在大会议室甚至室外召开。要根据场地现状、会议类型、参加人数等提前布置好会场,如会场卫生打扫、座椅和座次整理、会标张贴等。

3. 准备家长会会议资料

家长会内容和形式确定以后,会议组织者、主持人、主讲人要提前准备好有关资料,如会议通知、主持词、讲话稿、签到表、有关展示资料等。

会议通知的写法,可以借鉴在第五章第三节中学习、讨论的书信的写法,但是一定要注意内容完备、重点突出、简洁精练。

撰写主持词要紧紧围绕会议日程进行,撰写讲话稿要紧紧围绕会议主题进行。

4.通知参会幼儿家长

至少要提前一周将会议通知发送给需要参加会议的幼儿家长,还要确认各位家长是否接到通知,对没接到通知的家长要补发通知。

有特别参会任务的家长如家长发言代表等,要在发送会议通知时,单独进行通知。

🔍 示范案例

关于召开中班各班级家长会的通知

尊敬的家长:

　　您好!

　　本学期即将结束,为了总结学期工作,同时为了帮助您提升孩子假期生活质量,让孩子度过一个愉快而有意义的假期,我园决定于20××年××月××日下午四点,在中班各班级活动室,以班级为单位召开中班各班级家长会。会议主要内容为本学期中班年级总的工作情况、本学期班级保育和教育情况、假期幼儿家庭教育建议、各班级幼儿家长代表家庭育儿经验介绍、对幼儿园和班级的意见和建议等。会议时间预计一个小时。请您在百忙当中安排时间参加。

　　特别提醒:为了做好疫情防控常态化,请您戴好口罩,扫码入园,入、离园过程中相互之间保持一米距离。进入会议地点,请您寻找贴有您姓名的座位,对号入座。

　　十分感谢您的支持和配合。

××幼儿园
20××年××月××日

三、家长会的进行

1.讲究参会仪容仪表

作为幼儿教师,参加家长会过程中仪容仪表的总体要求是职业特点、活动特点、个人特点相结合。具体要求有:第一,服装得体、整洁、大方、端庄;第二,化妆淡雅、清爽,饰品适宜、简洁,发型利索、干净,妆容、饰品、发型与穿着协调;第三,精神饱满,积极向上。

2.文明礼貌接待家长

家长会组织者要提前到场,礼貌等待参会家长的到来,对前来参会的家长表示欢迎,引导其签名报到。

3.确保会议顺利进行

开家长会尤其是班级家长会时,幼儿教师往往既是主持人、主讲人,又是组织者、协调者。要想圆满完成家长会议程,需要在多个方面用心、用力。

第一,集中精力主持、组织会议,尤其是要注意将手机关闭或者调整为静音状态,会议进行中不接打电话或发送信息。

第二,整个会议过程中态度亲切、平和,表现端庄、大方,讲话清晰、流畅。

第三,如果需要在会议上对幼儿的表现进行讲评,要多提出表扬和肯定,好人、好事、好现象可以公开点名,消极现象点到表现为止,不能当众点名批评幼儿或家长。

第四,如果会议设有家长发言、讨论、交流的议程,或召开焦点问题式家长会,教师要耐心听取家长的意见和建议,允许家长提出质疑,对不能当场给出结论的问题,要灵活巧妙地安排在会后专门商定。

第五,调控好会议进度,努力确保会议按议程顺利进行,按计划时间圆满结束。

四、家长会会后事宜处理

家长会议程结束后要注意:第一,礼貌送别参会家长并对其参会、发言、提出的意见和建议等表示感谢;第二,需要向领导汇报的问题及时汇报,需要给家长答复的问题及时答复,并认真做好需要单独沟通的个别家长的联系沟通;第三,记录、整理好会议资料,并上交或存档。

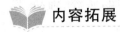 **内容拓展**

会议发言礼仪概要

走上发言席之前,向听众微笑点头致意;走向发言席时要稳健;走到发言席前要自然面向听众站好,既精神饱满又镇定自若地开始发言。

发言时体态端正、挺胸收腹、面向听众,适当与听众进行目光交流,还可适当做一些与内容协调的手势。

发言要围绕主题进行,按照会议规则要求进行,在规定的时间内结束。

发言结束,向听众鞠躬致意,向主持人致谢,走下发言席时要和走上发言席时保持同样的精神状态和姿势。

第二节　家长开放日礼仪

本节我们在了解家长开放日的性质、目的、类型的基础上,学习、讨论家长开放日的准备、家长开放日的进行以及后续事宜处理过程中应当注意的有关问题。

一、家长开放日的性质、目的和类型

1.家长开放日的性质

家长开放日是指幼儿园以班级、年级甚至全园为单位,集中邀请幼儿家长到幼儿园实地进行考察、参观、交流的家园联系沟通形式。

2.家长开放日的目的

通过家长开放日活动可以达到以下目的:

第一,帮助幼儿家长深入了解幼儿在园状况、幼儿园生活常规及课程设置、幼儿园管理与服务水平、幼儿教师保育和教育风格等幼儿园保育和教育工作,不但消除家长顾虑,而且为家长提供育儿观念和育儿方法的直观借鉴。

第二,帮助幼儿园、幼儿教师更加全面、深入地征集幼儿家长的意见和建议,提升幼儿保育和教育工作水平,促进办园质量的提高。

第三,帮助幼儿园、幼儿教师全面、深入地了解幼儿家长的育儿观念与水平,便于今后有针对性地对幼儿家长进行育儿指导。

3.家长开放日的类型

根据不同的依据,可将家长开放日划分为多种类型。

根据家长开放日的范围不同,可将其分为班级家长开放日、年级家长开放日和全园家长开放日。

根据家长开放日的时间节点不同,可将家长开放日分为学期初家长开放日、学期中家长开放日和学期末家长开放日。

根据家长开放日的主题和功能不同,可将其分为综合型家长开放日、宣传型家长开放日、专题型家长开放日等几种类型。

以上各种类型的家园开放日,活动时间多数为半天。

本节中我们主要以范围较大或内容较为综合的家长开放日为例进行学习、讨论。

二、家长开放日的准备

在组织家长开放日活动以前,幼儿园、幼儿教师应认真制订家长开放日工作计划,安排好任务分工,既各负其责又相互配合,按照工作计划精心做好准备。

1.确定家长开放日的内容与形式

家长开放日的主题不同、目的不同,内容也不相同。幼儿园、幼儿教师要根据家长开放日的主题、目的,确定家长开放日的内容。例如,宣传式家长开放日,要突出幼儿风采、教师水平、办园理念与实力及成果的展示。

家长开放日的内容不同,具体形式也有差异。例如,综合型家长开放日,可通过幼儿节目表演等展示幼儿风采,通过教师保育和教育示范课等展示教师水平,通过幼儿园综合管理制度、幼儿在园一日常规、场地、设施、获得的各种荣誉等展示幼儿园的办园理念、实力及成果。

2.选定家长开放日的时间与地点

除了小型专题式家长开放日外,其他家长开放日大多为比较综合性的活动,所用时间多数较长,占用空间多数较大。所以,除了较为急需举办者,一般选择在双休日、节假日举办。小型专题式家长开放日在活动室等场所举办,综合性家长开放日需在较大场所甚至室外场地举办,有些综合性家长开放日还需要使用多处场地举办。

3.家长开放日活动及材料与资料的准备、场地的布置

(1)有关活动的准备

根据家长开放日的主题、内容、形式,设计丰富有趣、能反映幼儿园办园特色、教师保育和教育水平、幼儿突出能力的活动。有些活动要提前进行编演和排练,以达到熟练程度。

除了有关活动要提前准备,家长开放日当天还要安排迎宾人员、导引员、讲解员等,这些人员也要提前进行演练。

(2)有关材料与资料的准备

这方面的准备主要包括以下三个方面:

第一,认真准备好开放日各环节使用的教具、玩具、道具等材料,展示幼儿能力、幼儿教师水平、幼儿园特色的资料。准备过程中,要充分结合多媒体技术手段的应用。

第二,设计并印制好开放日签名表、开放日测评表等表格。开放日测评表除了包括开放日主要活动内容、组织形式及家长对此次开放日活动的评价外,还可以涉及家长对幼儿园平时管理、对幼儿教师平时保育和教育的意见、建议等,具体表格内容及样式可参考本节最后的"内容拓展",也可搜索相关网站参考。

第三,设计并印制好开放日邀请函。邀请函的写法可参考本章第一节"示范案例"关于召开中班各班级家长会的通知。对综合性的家长开放日,尤其要将注意事项写清楚,写全面,最好附上活动流程方案。

（3）家长开放日场地的布置

家长开放日地点选定以后,要根据开放日的内容、形式等提前进行场地的整理和布置。布置场地过程中需要注意四点:第一,在多个场地进行的综合性家长开放日,每个场地要设置好明显的标志,每个场地内各个区角也要用标签明确标出;第二,在幼儿园大门口以及开放日主要场地进入位置设置欢迎标语;第三,准备一套详细的流程方案,提前在幼儿园适当位置公示;第四,打扫好开放日场地内、外环境卫生。

4.发送家长开放日邀请函

一般应在开放日一周前将邀请函发送给相关幼儿家长。在开放日前一天,要再次确认家长是否收到邀请函,提醒家长有关注意事项。

三、家长开放日的过程

1.讲究个人仪容仪表

幼儿教师在家长开放日活动中的仪容仪表,除了参照参加家长会过程中的仪容仪表外,还要注意结合个人在开放日活动中的角色特点。例如,迎宾、导引、讲解、主持、表演,不同角色的仪容仪表也有所区别。

2.文明礼貌接待家长

迎宾人员、导引人员要提前到场,礼貌等待幼儿家长的到来,对前来参加开放日的家长表示欢迎,引导其签名报到,按秩序进入活动场地。其他人员也要根据自己在开放日中的职责,以相应的礼节对待家长。

在接待家长的过程中,尤其要注意照顾到每一位家长,并做到一视同仁。

3.其他有关注意事项

从幼儿家长入园到活动结束,有关注意的问题主要包括以下五个方面:

第一,家长入园并到预定地点集合后,一般都设有类似于活动启动仪式的环节,组织者或主持人除了对全体家长表示欢迎外,还要向对开放日活动给予实际支持的家长表示感谢,要对本次家长开放日活动的目的、主题、内容、活动形式等做简要说明。

第二,家长开放日尤其是综合性家长开放日过程中,各个环节(场地、活动)组织(主持)者要各负其责,整个活动的组织者还要协调好各个环节的衔接。

第三,有幼儿参加的活动,教师要尽心尽力照顾到全体幼儿,给每个幼儿提供展示自我的机会。同样,有家长参加的活动,要尽心尽力照顾到每位家长,尤其是对于家长的疑问、意见和建议,要给予耐心、细致、翔实的答复,一时不能答复者,要做好备案并告知家长答复时间。

第四,家长开放日的最后一个环节是活动总结,组织者或主持人可向前来参加开放日活动的家长表示感谢,对活动中出现的"好人好事"给予表扬,鼓励家长积极提出意见和建议,最后由家长填写开放日测评表,可当场填交,也可另行约定时间、地点投交。

第五,家长开放日结束,要有礼貌地送家长离园。尤其是在举办大型家长开放日时,迎宾人员既要迎接家长入园又要送别家长离园。

四、家长开放日后续事宜处理

家长开放日后续事宜主要包括三个方面:第一,汇总开放日评价表,对需要给家长回复的问题及时做出回复;第二,对活动的准备、进行等进行全面梳理、总结,针对发现的问题制订整改方案;第三,记录、整理好活动资料上交或存档。

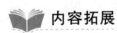 **内容拓展**

××幼儿园家长半日开放活动评价测评表

尊敬的家长:

您好!

热烈欢迎您在百忙之中挤出时间参加家长开放日活动。为了了解您对开放日活动、对幼儿园以及幼儿教师工作的评价,以便有效改进包括家长开放日在内的幼儿园和幼儿教师的工作,提升办园水平,提高幼儿保育和教育质量,特设计此反馈表,请您费心阅读并根据自己的意愿在相应评价等次处打上"√"。对您的支持表示衷心感谢。

评价项目	评价标准	评价等次			备　注
活动内容	既突出本园特色,又注重幼儿全面发展,尤其是良好习惯的培养,还注重家园互动	好	较好	一般	
	既丰富多彩,激发幼儿兴趣,又符合幼儿年龄特点,易于被幼儿接受,还易于家长参与	好	较好	一般	
活动方式	形式灵活,时间安排合理	好	较好	一般	
	既面向全体幼儿,又注重幼儿个性	好	较好	一般	1.此表为无记名填写。
	亲子活动环节活动性强	好	较好	一般	
教师表现	态度亲切、自然,举止大方、端庄,语言生动、规范	好	较好	一般	2.除了表中内容,如果您还有其他方面问题需要和我们交流,敬请联系
	教具和玩具演示熟练,实施保育和教育过程专业,组织活动协调、有序	好	较好	一般	
	科学、耐心指导家长	好	较好	一般	
	教师之间配合默契	好	较好	一般	
幼儿表现	态度积极,思维活跃,参与性强	好	较好	一般	
	语言表达能力、行为能力、个人兴趣等都得到充分展示	好	较好	一般	
活动综合评价		好	较好	一般	

评价项目	评价标准	评价等次	备　注
其他评价与建议	1.您喜欢我园的环境吗？在这方面您有什么更好的建议？ 2.您能接受我园的课程模式吗？您认为的课程模式应当是怎样的？ 3.您对我园师资满意吗？您认为有哪些方面需要提升？ 4.您对我园保教工作还有哪些意见和建议？		

思考与练习

1.召开家长会的主要目的有哪些？家长会主要有哪些类型？

2.家长会的准备主要包括哪几个方面的工作？

3.幼儿教师在家长会上的仪容仪表要注意哪几个方面？

4.家长会组织者或主持人如何确保家长会的顺利进行？

5.怎样做好幼儿园家长开放日有关材料和资料的准备工作以及场地的布置工作？

6.家长开放日活动中,从家长入园到活动结束,主要应注意哪几个方面的事项？

7.家长开放日中,哪一类活动不仅能使家长由观摩者变为参与者,还能增加家长和自己孩子之间的互动？

8.以学习小组为单位,针对一个幼儿班级(大、中、小班任选),自选一个主题,制订一份"幼儿班级家长会计划"。每个小组推荐一名代表在全班讲说本组"计划",各小组讲说结束,仍以小组为单位对全班各组"计划"进行评议,推选出最佳"计划",并根据此"计划"在班级当中模拟一次"幼儿班级家长会"。

第七章

与同事相处礼仪

✒ **本章导引**

　　在一个单位一起工作的人,互为同事。从不同的角度出发,同事分为上级同事、同级同事、下级同事,男同事、女同事,新同事、老同事等各种类型。我们将上下级同事关系列为特殊同事关系,其余同事关系列为一般同事关系。

　　同事之间一起工作的过程,首先是相互合作的过程,不可否认的是,其中也存在相互比较和竞争。所以,处理好同事之间的关系既很重要又大有学问。

　　本章我们在了解幼儿园同事之间称呼礼仪的基础上,主要学习、讨论幼儿教师与同级同事相处礼仪、与上级同事即领导相处礼仪、准备和参与教研活动礼仪。鉴于与同事相处涉及的内容广泛,本章对与同事相处礼仪进行了相关拓展,供同学们参考、借鉴。

第一节　同事之间的称呼礼仪

　　本节我们在介绍称呼礼仪一般要求的基础上,根据幼儿园工作岗位设置,学习、讨论有关幼儿园同事之间称呼礼仪的具体内容。

一、称呼礼仪的一般要求

称呼是指人们在日常交往中对对方所采用的称谓语。

1.称呼应当符合被称呼者的身份

当我们明确自己和对方之间的相互关系,知道对方的职业、职务、职称、学历、年龄或其中一种身份信息时,可以选择对对方最为尊重,最为对方接受的称谓称呼对方。否则,如果是在比较正式的场合,可以对男士称"先生",对女士直接称呼女士。在一般交往场合,也可以用"您好,不知道如何称呼您"开始和对方打招呼。当然,如果自己阅历比较丰富,也可以根据对对方总体形象的认知,适当称呼对方。例如,同样和不认识的老年男士打招呼时,如果从总体上感觉对方很儒雅、文质彬彬,可以称呼其"老先生";如果从总体上感觉对方很朴实,则可以称呼对方"老人家""老大爷"。

2.称呼应当对应双方所处的环境

例如,生活中,人们之间的称呼在尊重对方的前提下,主要凸显相互之间亲切、友好、自然的人际关系;工作中,人们之间的称呼要求则比较庄重甚至严肃,多以对方职业、职务、职称、学历为主称呼对方。再如,地域不同,风俗习惯不同,对于同一类人的称呼往往不同,这就要求我们称呼他人时要入乡随俗,尊重对方的习惯。

思考与讨论

赵老师、钱大夫、孙书记、李园长、周教授、吴总工、郑博士,分别是根据对方哪方面的身份称呼对方的?

3.称呼他人时姿态要真诚、恰当

一个完美的称呼,不仅称呼用语要符合礼仪规范,还要借助恰当的语调、适当的表情、有分寸的姿势,表示对对方的尊重、亲切、友好等态度,而这一切态度是发自内心的、真诚的,而不是应付,更不是故作姿态。为了表示对对方的尊重,称呼之前或称呼之后,一般要附加"您好"二字。

4.称呼不能违反有关禁忌

第一,称呼对方,最忌讳的是称呼对方的不雅称号,即通常说的不雅绰号或外号。

第二,正式场合不能使用如"哥们""姐们""小兄弟""爷们""伙计"等显得庸俗的称呼。

第三,和不认识的人打交道时,注意不要使用不通行的称呼,如称呼对方"师傅",本意是想表示对对方的尊重,可有时会产生误解。

第四,不能出现错误的称呼,如读错对方姓名,误判对方年龄、婚姻状况等。为了避免这些现象的出现,称呼对方时,尽可能避开自己不能把握的要素,或者通过提前准备、当面请教等办法弄清楚再称呼对方。

思考与讨论

为什么称呼不认识、不了解的人"师傅",有时可能产生误解?

二、幼儿园岗位设置及有关称呼礼仪

1.幼儿园岗位设置

一般地,幼儿园的岗位包括园长、副园长、科室主任、年级主任、班主任、任课教师、保育教师、保健医生、食堂工作人员、保安,规模大的幼儿园还设有水、电等设备维修工作人员。

具体到幼儿园的一个班级,通常采用"两教一保"的保教模式。"两教"即两位教师,包括一位主班教师和一位配班教师,主要负责幼儿的教育教学工作;"一保"即一位保育员,主要负责幼儿生活方面的工作,如幼儿一日餐点。

思考与讨论

有人说,幼儿园"两教一保"职责明确,相互独立,请根据所学专业课程以及所了解的幼儿园工作实际,说说自己对这种观点的看法。

2.幼儿园有关称呼礼仪

在幼儿园日常工作中,员工之间相互打招呼时,比较正规的方式一般是根据工作岗位性质称呼对方。例如,园长可以直接称呼为园长;副园长可以在"园长"之前加上其姓氏,称呼其"×园长";教师(无论是主班教师还是副班教师)可在"老师"前面加上其姓氏,称呼其"×老师";对保育员较为尊重的称呼也是"×老师",有的幼儿园也称保育员为"阿姨";对卫生室的医生,可以称呼其"×医生"或"×大夫";对食堂工作人员,保安,水、电等维修工,可以称呼其"×师傅"。

当相互之间比较熟悉,或者建立了比较稳定的关系时,以下几种称呼也是存在的。第一,在年龄较大的员工姓氏之前加上"老"字,称其为"老×";在年龄较小的员工姓氏之前加上"小"字,称其为"小×"。第二,老教师和新教师建立了师徒关系之后,新教师直接称老教师为"师傅"。第三,为了区别同姓氏的几位教师,可以根据年龄分别称其为"老×老师""大×老师""小×老师"。第四,要好的同事之间,以姓名中去掉姓氏的部分相互称呼对方。

应当注意的是:第一,对于领导,无论是公开场合还是私下场合,都要保持称呼一致;第二,对于一般同事尤其是姓氏相同的同事,私下称呼时可以说出其姓名,但后面要加上"老师"等相应称谓;第三,在幼儿及其家长面前,要按照工作称呼的要求,正式、规范地称呼有关员工。

第二节　与同级同事相处之道

幼儿教师要在尊重他人、以诚待人、平等对人、宽厚为人、乐于助人的基础上,与同事勤于沟通,团结合作,公平竞争,友好相处。

一、尊重他人

尊重他人,是同事间友好相处应遵循的最基本的原则。可以说,本节所讨论的与同事相处应遵循的其他原则,从某一个角度来讲都贯彻了这一条最基本的原则。至于尊重的方式,则应因人、因事、因时、因地而宜,相关内容在本节以下几个方面的问题中有相应的学习和讨论。这里单独列出以下几条,供大家学习、讨论、借鉴。

第一,尊重他人,很重要的一个方面是尊重他人的习惯、爱好和隐私。幼儿教师作为幼儿园大家庭的一员,要尊重同事的习惯、爱好。当然,对方的良好习惯、爱好,要自觉学习、借鉴;对方的不良习惯、爱好,要"其不善者而改之"。尤其要注意尊重同事的隐私,切忌轻嘴薄舌,热衷于传播小道消息,背后议论是非长短。

第二,尊重他人,要一以贯之地贯穿到工作和生活的方方面面,渗透到工作和生活的每一个细节中。例如,工作和生活中的重大事项、重要活动、关键时刻,要尊重他人,日常工作和生活交往过程中同样要表现出对他人的尊重。

第三,尊重他人,要注意同事间的相互尊重。同事间的相互尊重,第一方面表现在日常交往的礼仪当中,第二方面表现为工作的相互支持,第三方面表现为具体事务的礼尚往来,所谓来而不往非礼也。例如,若同事对自己有所帮助,要有感恩之心,要注意向对方表示感谢,要以恰当的机会和方式从工作或生活等方面回报对方。

🤔 思考与讨论

在幼儿园工作中,你认为下列哪些属于重大活动? 哪些属于关键时刻? 哪些属于日常工作?

入园、离园、家长会、家长开放日、各领域课程的教学活动、离园前自由活动。

二、以诚待人

我们常说,信任是人际交往的基石。同事之间,只有信任对方,才愿意和对方交流、交往、合作,进而友好相处。信任来自同事之间的以诚相待,这就要求我们幼儿教师在和同事交往过程中一定要以诚待人,给同事以最根本的尊重。

幼儿教师在与同事相处过程中要做到以诚待人,具体要做到以下四个方面:

第一,对同事要有真诚的态度。这是以诚待人的基础,这就要求我们对同事首先要有一颗真诚的心,即真心对待同事,真心与同事相处。

第二,实际工作和生活中,对待同事要诚实。要以实事求是的态度和作风,说老实话,办老实事,做老实人。尤其要注意不弄虚作假,不欺骗同事;做错事情要勇于认错,而且要知错必改。

第三,实际工作和生活中,对待同事要守信。守信,就是言而有信,恪守信约,说到做到,履行诺言。在这方面应当注意,不要对不该答应、不该办或办不到的事轻易许诺,而一旦做出承诺,要认真承担责任和义务,必须努力兑现,实在做不到时要坦诚解释,真诚道歉。

第四,以诚待人,要从工作和生活中的小事做起,从工作和生活中的细节做起,"勿以善小而不为,勿以恶小而为之"。

三、平等对人

人与人之间在人格上是平等的,这种平等表现在同事之间的相处过程中,包括两个方面:第一,交往的双方,相互之间是平等的;第二,与同一个同事交往的各个同事,相互之间是平等的。

幼儿教师在与同事相处过程中,要坚持平等待人的原则。第一,与同事交往过程中,要像你希望别人如何对待你一样去对待别人,起码要做到"己所不欲,勿施于人"。其实,平等待人也是上面讲到的同事间相互尊重的一个方面。第二,要平等对待所有同事。对老教师要尊重,对新教师也要友好相待;对一线教师要尊重,对后勤人员也要以礼相待;对主班教师、配班教师、生活教师都要尊重。此外,平等对待所有同事,还包括客观公正地评价所有同事。

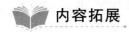 **内容拓展**

人际交往的黄金法则与白金法则

黄金法则又称为人法则，其精髓是"你想人家怎样待你，你也要怎样待人"。

白金法则是美国演说家、商业广播讲座撰稿人（作家）托尼·亚历山大·德拉博士和人力资源顾问、训导专家迈克尔·奥康纳博士于1987年发表的研究成果，其精髓是"别人希望你怎样对待他们，你就怎样对待他们"。

四、宽厚为人

宽厚为人，是指在与同事相处过程中，要有宽阔、大度的胸怀，能和同事相互容纳、相互包涵，求同存异、友好相处。

要做到宽厚为人就需要注意以下事项：

第一，在工作和生活中，要以积极、正面的态度和观点，客观对待自己所处的外界环境，看社会先看主流，看人先看大节，看事物先看大面。

第二，在和同事的实际交往过程中，严于律己，不骄不躁，不过分张扬，不好为人师；宽以待人，不争不抢，不过分挑剔，不尖酸刻薄；遇到问题时换位思考。

第三，正确对待和善于处理与同事之间的误会和误解、矛盾和摩擦。例如，在日常交往中，大多数人并不是故意伤害对方，遗憾的是，很多时候，一些不经意的表情、有口无心的话语、较为随意的举动往往让人误会从而产生误解。如果误会和误解是由自己引起的，就要主动和对方交流；如果误会和误解是由同事引起的，那么自己要包容和大度。又如，与同事产生矛盾时，哪怕适当做出一些让步，也要努力将矛盾湮灭在摇篮中，将摩擦消灭在萌芽状态。万一矛盾真的发生了，要切记就事论事、就此事论此事、论过此事就无事。

当然，宽厚不是没有原则，宽容不是没有底线。和同事相处，要注意灵活性和原则性相结合。例如,针对那些在工作和生活中一味消极的人和事,在耐心说服的前提下,关键时可以严肃指正,这样对方可能还会做出积极的改变,从而使得相互之间的人际关系更加牢固。有句话说"难得是诤友",值得我们在处理人际关系的时候深思、借鉴。

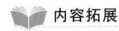 **内容拓展**

几种化解矛盾的具体方法

第一,如果矛盾是由爱好和习惯的不同引起的,就尝试找到自己和对方共同的爱好和习惯,以此作为切入点,与对方产生共鸣。

第二,如果矛盾是因为观点和利益的冲突引起的,就要尝试了解对方所持观点的原因、对方想要的是什么,然后设想自己必须做出什么改变才能使双方相处融洽,最终达到观点上求同存异,利益上平衡需求。

第三,如果矛盾是由自己的不足甚至错误引起的,就要像上面所讲的那样,"做错事情要勇于认错,而且要知错必改"。当自己愧对了别人时,要对其加以弥补。

第四,如果矛盾是对方原因引起的,要主动找机会交流,化解矛盾,弥合嫌隙。

五、乐于助人

乐于助人,是幼儿教师尊重他人、热情待人的重要体现。相互帮助,是同事之间相互尊重、友好相处的重要体现。

幼儿教师在与同事相处时应做到以下几点:

第一,同事之间有了难处,要尽可能给对方以帮助。哪怕以自己的实力不能解决对方的实际问题,或许一个主意也可能让对方茅塞顿开,一次陪伴、一句问候都会给对方以温暖,让对方体会到人与人之间的正能量,从而鼓起克服困难的勇气。

第二,注意发挥自己的长处帮助别人、影响别人,尤其是要注意发挥自己专业方面的特长帮助、影响这方面相对薄弱的同事。可以说,乐于分享自己的经验,实际上也是对同事的帮助。

第三,工作当中吃苦在前,利益面前吃亏在前。这也是幼儿教师尊重他人、乐于助人,与同事友好相处的重要体现。

六、勤于沟通

同事之间联系与沟通的方式一般有两种。

第一,利用在一起工作的机会当面沟通与交流;利用生活中打交道的机会当面沟通与交流;利用电话、短信、电子邮件、QQ、微信等多媒体技术尤其是新媒体技术手段联系与沟通。

第二,日常工作和生活中,多加联系与沟通;发现问题需要解决时,及时联系与沟通;节假日期间,主动联系与沟通。

同事之间联系与沟通的方法包括以下六种:

第一,做好准备是沟通的前提。成功的交流大都是提前做好准备工作的。对方的情况,自己的想法,通过什么渠道、场合、程序等,都是需要准备的内容。

第二,微笑最能拉近相互之间的距离。如果我们希望对方做出亲切的反应,除了表情外,还要让自己的声音听起来也像在“微笑”。即使自己就是正确的,即使对方就是错误的,也要恰当地表达,一定不要把交流变成争执甚至冲突。

第三,恰到好处的体态语言会丰富表达效果。通过充满自信、轻松自然、亲切大方的体态语言,向对方传达积极的信号,增强沟通与交流的效果。

第四,认真倾听是对对方的真诚、尊重与关心。成功人士都是倾听大师,能够真诚地聆听对方讲话,真诚地问对方问题,虚心向对方请教,以人之长补己之短。

第五,用对方的语言讲话。我们要想进入对方的私人世界,了解对方的思维模式,就要跨越障碍,用对方能理解的话语与其沟通。

第六,退是为了更好地进。当感觉对方对你的计划不感兴趣时,可以采用“你能帮我吗?”的方式,把对方引入解决问题的思维中,这样就提升了对方的价值感,使你与对方建立起心连心式的接触,一般能使对方做出积极的反应。

? 思考与讨论

同事之间节假日联系沟通的主要内容应当是什么?请举例说明。

七、团结合作

在同一所幼儿园工作的同事,虽然所从事的具体工作不尽相同,但总体目标是相同的,就是使幼儿园又好又快地发展。要实现这个总体目标,大家必须也只能团结合作、共同努力。做好整个幼儿园的工作需要这样,做好一个年级或班级的工作也需要这样。在关键时刻,如组织全园综合性大型活动时,团结合作尤为重要。

幼儿教师要做到与同事团结合作需注意以下五点:

第一,要热爱集体。热爱集体是团结合作的前提。同事们都在一所幼儿园工作,要把幼儿园真正看成自己的大家庭,在处理集体利益与个人利益的关系时,以集体利益为先,以集体利益为重。为了集体利益,大家心往一处想,劲往一处使。

第二,要团结同事。同事之间相互团结是顺利合作的基础。幼儿教师要搞好同事之间的团结,除了遵循相互尊重这一最基本的原则外,还要按照本节所学习、讨论的其他原则和相应的方法去做。

第三,平时工作中要主动配合。像本章第一节介绍的那样,幼儿园的一个班级,通常采用"两教一保"的保教模式。但是,幼儿的保育与教育是相互渗透的,这就需要三位同事"分工不分家",主动配合,齐心协力,共同做好幼儿的教育教学以及生活方面的工作。

第四,集体活动中要积极协作。当集体活动需要时,要自觉参与。在活动过程中,要充分挖掘自己的潜能,与同事们同心勠力,努力争取最佳效果。

第五,借助同事间相互合作的过程,促成紧密合作的良好风气,形成紧密的保育、教育共同体。

思考与讨论

有人说："信任是人际关系之间最为重要的基石。"请举例说明自己对这一观点的看法。

八、公平竞争

在同一所幼儿园工作的同事，相互之间有比较，有竞争，这是客观存在，也是正常现象。需要注意的就是要使竞争公开、公平、公正，尤其是同事之间，要做到公平竞争。事实上，都在同一所幼儿园工作，作为同事，为人处世的智商与情商相互差不了太多，自己做了什么，做到什么程度，大家一般还是了解的。如果不能做到公平竞争，就会得不偿失。即使一时得逞，也会被人指指点点，影响自己的形象，也影响自己的长远发展。

幼儿教师要做到与同事公平竞争，就要注意：第一，努力提高思想觉悟，不断提升修养水平，在参与竞争的过程中自觉践行公平竞争原则；第二，重在参与，重视过程，看淡结果；第三，注重竞争准备与参与过程的总结，促进自身不断成熟，不断完善，不断成长。

📖 内容拓展

竞争"三要"

第一，要做好准备。在参与竞争之前，要根据活动或项目要求，结合自身实际情况做好充分准备，即所谓不打无准备之仗，不打无把握之仗。

第二，要重视过程。在参与竞争的过程中，要心无旁骛、全力以赴，即所谓尽心尽力。

第三，要扬长避短。要勇于展示自己的个性和特长。

第三节　与领导相处之道

在上节"与同级同事相处之道"的基础上，本节学习、讨论与领导相处之道,主要包括真诚尊重领导,积极支持工作,及时汇报与沟通,守住底线与原则等内容。

一、尊重领导

像与同事相处一样,尊重领导也是幼儿教师与领导相处应当遵循的最基本的原则,也称总的原则。和与同事相处一样,与领导相处应遵循的其他原则,从某一个角度来讲都是贯彻了这一最基本的原则。至于尊重领导的方式,相关内容在本节后面的问题中有相应的学习和讨论。

这里特别提醒大家三点:

第一,找准自己的位置,是处理好上下级关系的前提。作为一名幼儿教师,要清楚自己的身份,要明确自己和领导的上下级关系,分清自己该干的和领导该管的,在此基础上处理好和领导的关系。

第二,尊重领导,要像尊重同事那样,在工作和生活中一以贯之。有的幼儿教师与领导相处,工作中能够做到尊重领导,生活中则相对欠缺;一段时间内能够做到尊重领导,和领导熟悉后则变得欠缺。事实上,幼儿教师与领导相处,无论是工作中还是生活中,都要一以贯之地尊重领导。例如,除了像下面所讲的那样在工作上支持领导,生活中如有必要也应给领导以帮助。再如,在一所幼儿园工作久了,和领导打交道多了,相互之间了解得较为深入了,而且领导也平易近人,可以把领导看成师长,但是不要随意把领导当成平起平坐的朋友。即使真的和领导成了朋友,也要注意私交归私交,工作是工作,而且仍然要注意无论何时何地都要对领导表示出应有的尊重。

第三,尊重领导,要像尊重同事那样,懂得感恩与感谢。对工作和生活中领导对自己的支持与关心,要心存感激,要向领导表示感谢,要以恰当的机会和方式从工作或生活等方面回报领导,如像上面讲的工作上给领导以支持,生活上给领导以帮助。

🔍 示范案例

私交归私交,工作是工作

大班年级主任刘老师和园长是邻居,两家的孩子又是同一个班级的好同学,所以刘老师和园长的私交很好。一天上午,园长来到刘老师办公室,刘老师赶忙站起来迎接:"园长,您很忙,有什么工作通知我们过去接受任务就行了,还麻烦您亲自过来。"园长针对大班年级马上要升入小学的实际,安排了做好幼小衔接方面的工作。刘老师有礼貌地针对大班小朋友的情况将自己的设想向园长做了汇报,并表示一定落实好园长的要求,还把园长送出办公室门口。

刘老师回到办公室以后,同办公室入职不久的小邢老师不解地问:"你们的关系那么好,您对园长还用迎来送往地那么尊重吗?"刘老师对邢老师说:"小邢老师,咱们老师和领导之间,私交归私交,工作是工作。私下里我和园长是邻居、是朋友,工作场所、工作时间园长就是我们的领导,我们必须郑重其事地尊重领导,领导安排工作,我们必须认真接受。"听了刘老师的话,小邢老师好像明白了许多这方面的道理。

二、支持领导工作

幼儿教师对领导的尊重,首先表现为支持领导的工作。

1.努力做好工作

努力做好工作是对领导最大的支持、最大的尊重。领导的风格不一而论,但是都希望下属努力做好工作却是不争的事实。你把满腔热情投入工作中去,小朋友爱戴你,家长赞美你,同事肯定你,领导会体会到你对他工作的支持和对他的尊重,当然,你也会引起领导的重视,得到领导的扶持。

努力做好工作主要包括两个方面:第一,努力做好本职工作;第二,努力做好领导交办的有关工作。

努力做好工作的一般方法不属于本课程中要学习的内容,这里从尊重领导的角度出发,学习、讨论如何努力做好工作。

第一,要积极研究上级领导的思路,分析上级领导的意图,争取在工作中与上级领导有一致的认识,并尽心尽力加以落实。

第二,要善于将领导的决策内容、实施方案和每个阶段的工作重心进行分解、立项、排序,列出相应措施。

第三,要努力做好工作,最终体现是在规定时间内高质量完成工作任务。万一由于特殊原因没有完成工作任务,必须及时向领导汇报,并提出向前推进的计划。当自己实在无能为力时,要诚恳求得领导的支持,保证工作任务最终完成。

2.不盲目、不教条

支持领导的工作,要根据工作性质、工作环境、领导风格等采取相应的方式方法,只有这样,才能最恰当地支持领导工作。例如,针对领导的性格采取适当的方式,包括以下两种情况:

第一,性格内向的领导,喜欢独立思考与具体处理事务,对于这种风格的领导,当他们在独立思考或者安排、处理事务时,最好不要打扰,可以在事先当好参谋,事中根据需要决定是否做好辅助。

第二,性格外向的领导,善于人际交往,喜欢同有关人员商量和一起开展具体工作,对于这种风格的领导,要根据需要及时协助其组织有关人员商量或开展工作,并根据需要有分寸地参与其中,发挥好自己的作用。

支持领导工作,要根据领导要求,结合客观实际,发挥自己的聪明才智,创造性地开展工作,只有这样,才能更好地支持领导工作。这就要求幼儿教师学会调查与研究、思考与辨别,注重理论联系实际,培养独立思考能力和创新意识。如果对领导的安排有疑问,要谦虚请教;如果发现领导的意见与客观实际有出入,要恰当地提出自己的建设性建议。当然,如果自己的意见和建议没有被采纳,除非涉及原则性问题,否则一般应贯彻领导的意图。

三、及时汇报与沟通

幼儿教师向领导请示与汇报,和领导沟通与交流,要么是当面,要么通过电话、微信等现代媒体技术,这其中都包括口头语言、书面材料两种方式。限于篇幅及幼儿教师的工作实际,我们主要学习、讨论口头当面向领导请示与汇报和沟通与交流的有关礼仪。

1.面见领导

第一,与领导见面前,要通过电话等请示领导,除非特别紧急的事项,一般要等领导安排时间,至于地点,常常是在领导办公室。

第二,进入领导办公室前,要先敲门,即使办公室开着门,也要在门口向领导打招呼,经过领导允许方可进入。

2.向领导请示与汇报

第一,姿态要谦虚,表情要自然,表达要明确,要站在下级的角度,把下情实事求是地说明白,把自己的想法准确地向领导说清楚。

第二,有其他人在场时,一般不宜进行口头汇报,更不能在他人面前以神秘的表情和语气如耳语、暗语、半截话等向领导请示与汇报。

3.与领导沟通与交流

第一,态度要真诚,方法要恰当,整个沟通与交流过程都要注意,领导讲话认真倾听,自己发言简明扼要。

第二,涉及对人对事的评判要客观公正,尤其要注意不传播小道消息。

第三,取得成绩时,对领导的努力要给予赞扬,对领导的支持要予以感谢,成绩要归功于领导。

第四,出现问题时,要勇于承担责任,虚心接受领导的批评。如果领导批评得对,除了检讨还要有修正过失的措施;如果领导的批评不符合实际,要注意和领导解释,消除误解。若当时环境不合适,可以寻找合适的机会,而不能当面顶撞领导、私下议论领导。

第五,和领导交换意见时,如果认同领导的观点,就要明确表示赞成和拥护;如果和领导有分歧,要学会换位思考,注意耐心交流。即使部分认同领导的观点,也要先表示认同的部分,再客气地说明自己的见解和建议。

第六，遇到困难时，要积极向领导汇报自己的工作情况和需要解决的问题，表达相信领导支持以及感谢的态度。最好把自己的具体建议或解决方案提供给领导，便于领导选择和决策，从而拿出支持工作的方案。若领导一时没有给予支持，要有耐心，看准时机再去争取，而不能随意表示不满，尤其是背后发牢骚。

示范案例

活动室的布置与完善

春节已过，小朋友们马上要入园了，老师们都忙着重新布置活动室。大二班的马老师和小郝老师忙碌了两三天，终于让活动室焕然一新。当她们正在欣赏自己的劳动成果时，园长检查各班环境布置情况，正好来到了大二班。围绕活动室巡视了一周，园长让老师们把其中一面墙上的儿童画都换掉。听了园长的话，两位老师都有些尴尬。小郝老师主动而又小心地试着向园长解释："我们主要是想让小朋友们回到幼儿园以后，看到自己的画有亲切感，所以才从小朋友们上学期的作品中选了一些出来挂在墙上。"园长边思考边说："感觉色彩太单调了，不好看。"看到园长有点儿松口，马老师诚恳地向园长解释："在做活动室布置方案时，我们还说起园长对环境布置的要求——幼儿园是小朋友们的大家庭，布置环境要围绕小朋友们进行，我们商议一定按照您的要求去做。您看是我们的布置方式导致色彩太单一，还是选择的小朋友们的画的色彩太单一？请您给我们以具体指导，我们可不可以在现在的基础上做一些修改，不再彻底更换了？毕竟小朋友们马上就要返回幼儿园，若全部更换，时间是不是有些仓促了？"园长觉得二位老师说得有道理，尤其马老师说得很客观，就具体提出了自己的改进意见。两位老师在园长的指导下，对活动室的布置进行了完善，提升了展示效果。

 内容拓展

通过电话向领导请示与汇报，和领导沟通与交流的礼仪

通过电话向领导请示与汇报、沟通与交流时，要先向领导问好，再问

领导是否有时间,确认时间允许方可说明有关内容,且内容叙述要简明。听领导说话时不要插话。领导的意见,一般情况下要表态照办和落实,如有特殊情况,要客气地解释、说明,或提出建设性意见和建议,等领导同意后再落实。如果领导坚持己见,在落实原则问题时要有底线意识,冷静处理,最好找机会当面和领导沟通与交流。对不违反原则的问题,一般要按照领导的意图办理。

四、守住原则与法纪

1.讲究组织原则

讲究组织原则,是处理好上下级关系的重要体现。

第一,工作中要注意个人服从组织,下级服从上级。例如,工作方案需要请示领导批准后方可实施;工作过程中出现问题尤其是意外时,必须及时向领导报告;工作完成后必须向领导汇报。如果工作中自己有一些想法,要注意适时、适当地和领导沟通,力求既能做好工作又不失上下级分寸。切忌越级汇报,某项工作应该向某位领导汇报时要做到心中有数。

第二,如果工作中同时与多位领导相处,对各位领导都要保持尊重,不能感情用事,有意靠近谁或疏远谁,故意听从谁或违背谁,更不能当着一位领导的面贬低其他领导。要从工作出发,以大局为重,尽力维护领导们在团队中的威信。

2.守住法纪底线

制度、纪律和法律,是处理上下级关系的底线。与领导相处,尊重领导,要以守住法纪底线为前提。

第一,评价领导要看领导的政治思想觉悟高低,贯彻落实党的路线、方针、政策的自觉性高低、决策与组织协调能力高低,不能以职务高低、权力大小为依据。

第二,尊重领导要尊重领导的人格,尊重领导的能力,尊重领导的威望,不能不分是非、无原则地盲目崇拜领导。

第三,服从领导必须以执行党的路线、方针、政策,国家的法律法规,单位的规章制度以及遵守职业道德与社会公德为前提。

第四节　教研活动礼仪

教研活动是幼儿教师对幼儿保育和教育进行研究的活动。本节学习、讨论的教研活动,主要指幼儿教师集体进行的专题性教研活动,内容包括准备教研活动的有关礼仪、参与教研活动的有关礼仪及有关教研活动结束后的后续工作。

一、教研活动准备过程的礼仪

我们这里学习、讨论教研活动组织者应做好的主要准备。

1.确定教研活动的主题与内容

开展专题性教研活动,首先要确定教研活动的主题。教研活动的主题主要来自以下几个方面:第一,研讨贯彻党的教育方针以及落实上级主管部门工作任务的具体方案;第二,根据本园工作计划总结阶段性或专项工作经验;第三,探讨解决幼儿保育和教育过程中出现的有关问题;第四,探索幼儿保育和教育发展趋势,为今后幼儿保育和教育提供途径与方式方法等的支持。

教研活动的主题确定以后,便可以围绕活动主题确定活动主要内容。

2.选择教研活动的形式

教研活动的形式,除了取决于教研活动的主题和内容,还要根据活动参与人员和组织方式来选择。这里主要介绍以下几种常见教研活动的形式。

（1）审议式教研活动

这类教研活动一般以年级组某领域课程教研室为单位,通过集体研讨,对某领域课程方案进行审议,多采用圆桌会议形式进行,以会议室门口为基准点,靠里的位置是比较主要的座次。

（2）解惑式教研活动

这类教研活动一般是组织有关教师,探讨解决保育和教育过程中出现的疑难问题,多采用方桌(长方形或椭圆形)会议形式进行。如果有一位主持人而参会人员较少,可在面向门口的方桌一侧就座,主持人居中。当参会人员较多时,主持人可在方桌东、北向短边就座,其他人员在方桌两侧就座,靠近主持人为较重要的座次。如果有外请专家等,则外请专家在方桌面向会议室门口一侧就座,园方参会人员与其相对而坐,每侧中间为较重要座次。

（3）案例式教研活动

这类教研活动多是对某一保教方案进行推广,有时也为了探讨某一问题。一般首先观摩专题保教活动,然后进行相关讨论,学习其中的经验或完善其中的不足。观摩既可以现场观摩,又可以通过多媒体技术观摩。如通过现场观摩,观摩者不能影响活动进行,尤其不能分散幼儿的注意力,一般在活动室后侧位置进行,观摩后另行安排地点集中进行研讨;如通过多媒体技术观摩,一般在多媒体会议室或教室进行,观摩后直接进行研讨。

（4）磨课式教研活动

这类教研活动是选用相同的保教内容,让不同教师说课或直接进行实践,有关教师听课或观摩,然后进行研讨,教师之间相互借鉴,最终形成最佳保教方案。

（5）诊断式教研活动

这类教研活动主要针对新入职教师,新教师自主备课,编写保教方案,然后说课或直接实践,其他教师听课或观摩后有针对性地进行评议、指导。

需要说明的是,以上各种形式的教研活动,如果在多媒体场地进行,则正面对向多媒体的座位为主要座次。

? 思考与讨论

参考"幼儿教育学"等课程,说说"园本教研活动""说课"的性质。

3.其他具体事项准备

（1）编制并发送活动通知或邀请函

关于通知、邀请函（需要外请专家、领导时使用）的写法，可以借鉴我们在第六章"家长会和家长开放日礼仪"中介绍的有关内容。

（2）布置场地

根据教研活动内容与形式的要求，安排好活动场地的桌椅及座次，准备好有关设备和资料。设备要注意调试，有些资料需要为参会人员一人准备一份。如果活动时间较长或者有邀请的外单位人员参加，要备好茶水，外请专家和领导等还要安排好迎、送。

做好以上工作后，注意打扫活动场地卫生。

（3）组织者或主持人应当做好的准备

主持教研活动，除了要明确教研活动的主题、内容，安排好整个教研活动的议程外，还要组织或参与教研活动的准备工作，最起码要了解教研活动的准备情况，如主持规模较大的教研活动，要提前到活动现场查看、适应。主持规模较大的教研活动，还要注意自身仪容仪表与活动的主题和形式相符。

二、教研活动进行过程的礼仪

1.主持礼仪

教研活动主持人要根据活动计划，通过组织与调控，圆满完成活动任务，使活动达到预期的效果。具体地讲，第一，要落实好每个环节的任务；第二，要使各个环节之间有机衔接；第三，要调动起每个参与者的积极性；第四，要控制好活动现场的整体局面。

2.发言礼仪

在教研活动中发言，一是内容要紧扣主题、有理有据、简明扼要、条理清晰；二是态度要平和，语气要平稳。

3.聆听礼仪

第一，要注意聆听主持人的主持词，进一步明确教研活动的主题、内容、议程,以及自己在教研活动中承担的具体任务,确保通过参加教研活动,既圆满完成自己的任务,又获得最大的收获。

第二,要认真聆听其他人的发言,尤其是要听清楚其发言的主题、要点、观点、依据。

第三,要边听边思考,尤其是要结合自己平时的工作、学习、积累进行思考、对比,取人所长,补己之短。

第四,要做好记录,为总结教研活动以及工作、学习过程中借鉴教研活动成果提供第一手资料。

4.讨论礼仪

第一,自己发言时,除了遵循上面"发言礼仪"的要求外,还要注意:点评他人的观点时,应当首先做出肯定的评价,如对他人观点有异议,也要用商榷的口气表达。

第二,他人发言时,除了遵循上面"聆听礼仪"中第二、三、四条的要求外,还要注意不打断他人的发言。待他人发言结束,如果需要向其提问,要注意采用征询、请教的口气。

三、教研活动后续有关工作

教研活动后续工作主要包括两个方面:一是设备、物品、材料以及场地卫生整理;二是资料整理,这里主要是指撰写教研活动总结。组织者以集体名义撰写的教研活动总结要包含教研活动的主题、内容、主要过程以及教研活动对本园幼儿保育和教育的推动作用等。此外,针对教研活动中发现的有价值的线索,可以撰写专题报告或者论文,甚至可以呈报给上级有关部门或者发表,以便于推广、借鉴。

思考与练习

1.借鉴自己对处理好同学关系、师生关系的作用的体会,你认为处理好自己和一般同事之间、和领导之间的人际关系会有什么意义?

2.有人说:"称呼只是和对方打个招呼而已。"请结合自己的体会或耳闻目睹的有关现象,说说对这种观点的看法。

3.有人说:"同事之间既要合作又要竞争,比较复杂,相互之间只有保持距离才能省去一些麻烦。"结合自己的体会,说说你对这种观点的看法。

4.分别举例说明:通过礼仪表达对他人的尊重,要因人而异、因事而异、因地而异、因时而异。

5."你可以一时欺骗所有人,也可以永远欺骗某些人,但不能永远欺骗所有人。"你知道这句话是谁的名言吗? 请说说自己对这句话的理解。

6.有人说,和领导相处,既要及时和领导汇报与沟通,又要和领导保持相对的距离。请从工作和生活两个方面说说你对这种观点的看法。

7.幼儿教师个人独立进行的保育和教育研究,以及各领域课程教研室的教师平时根据需要随机进行的保育和教育研究,是否属于教研活动?

8.简要说明本章学习、讨论的各种形式的教研活动中,座位及座次的安排方式。

9.设计一个教研活动主题,并据此拟定一则教研活动通知。

第八章

涉外交往礼仪

本章导引

　　涉外交往礼仪简称涉外礼仪，是指在对外交往过程中，对交往对象表示尊敬与友好，同时用以维护自身形象的约定俗成的惯例性做法，通常包括外交礼仪、习俗礼仪、宗教礼仪。

　　随着中外交流、交往、合作的不断广泛和深入，我国许多幼儿园不仅招聘了外教，也招收了外国幼儿，还有许多幼儿园和国外幼儿教育界开展了多种形式的交流与合作。

　　幼儿教师与外国幼儿相处并与其家长联系、与外教共事、与外方交流与合作，必须掌握并应用有关涉外交往礼仪。作为本课程拓展性学习内容，我们集中学习涉外交往礼仪，主要包括涉外礼仪原则与常见涉外礼仪，涉外陪同、宴饮与赠受礼品礼仪和有关国家礼仪禁忌等几部分内容。

第一节　涉外礼仪原则与常见涉外礼仪

　　本节介绍涉外交往过程中应当遵循的重要的礼仪原则与常见的涉外

交往礼仪,包括仪容仪表礼仪、见面礼仪、交谈礼仪和日常言行礼仪。

一、涉外交往礼仪应遵循的原则

对交往对象的重视、恭敬、友好,是涉外礼仪的核心。涉外交往中,为了做到这几个方面,应当遵循以下基本原则。

1. 热情友善,平等交往

涉外交往中,要时刻意识到,自己的一言一行代表的是国家、民族的形象,应当弘扬中华民族礼仪之邦的优良传统,热情友善,礼让为先,在此基础上,应当注意热情有度,不可过谦,做到不卑不亢,平等交往,更不能说有损国格、人格的话,不能做有损国格、人格的事。

2. 信守约定,遵守时间

信守约定,遵守时间,是涉外交往中极为重要的礼仪原则。在一切涉外交往中,都必须认真而严格地信守自己的所有承诺,说话务必要算数,许诺一定要兑现。

参加各种涉外活动时,都应按约定时间到达。若因故迟到,要向主人和其他客人表示歉意。万一因故不能赴约,要有礼貌地尽早通知主人,并以适当方式表示歉意。

3. 尊重隐私,注意分寸

尊重个人隐私,注意"有所不为"。在涉外交往中,凡涉及履历、收支、财产、年龄、婚恋、健康、住址、政见、信仰、私人情感等个人隐私,不应查问。同时,对外宾的关心照料要注意把握分寸,以不使他们感觉受到限制,影响私人空间和自由为度。当然,涉外交往活动中也要避免与人谈及自身的隐私话题,同时,要学会婉拒对方提出的不合理要求,做到不失密、不泄密。

4. 尊重妇女,女士优先

"女士优先"是国际上公认的第一礼俗。除了有规定的公务场合,在男女都在的社交场合中,男士要遵循"尊重妇女,女士优先"的原则,体谅女士,关心女士,照顾女士,保护女士,尽量为女士排忧解难。

5.尊重习俗,避讳禁忌

在涉外交往过程中,要注意从不同民族、不同国家的文化背景、社会制度出发,了解交往对象的风俗习惯、宗教信仰、礼仪差异,尤其是交往禁忌等,努力做到尊重习俗,避讳禁忌。

除了以上基本原则外,讲究仪容仪表,举止端庄,遵守公共秩序,讲究社会公德,以及礼尚往来、相互尊重等一般社交礼仪活动应当遵循的原则,同样是涉外礼仪应当遵守的原则。

二、常见涉外交往礼仪

1.仪容仪表礼仪

正式或初次涉外交往,比较严格的要求如下:

第一,男士一般要穿深色且质料较好的正式服装,上下身衣服、皮鞋、腰带的颜色要一致。有些热带国家,夏天天气比较热,经双方事先商定,隆重场合也可以穿长、短袖便装,如穿短袖衬衣,打领带。

第二,女士按季节与活动性质不同,可以穿西装、民族服装、中式上衣配长裤或长裙、旗袍、连衣裙等。夏季也可穿长、短袖衫配以裙子或长裤。

第三,衣着要注意整齐、整洁,特别是衣袖和衣领更要清洁。男士穿西装时要打领带,长袖衬衣腰身以下部分要塞进裤腰里侧。袖口不要卷起,内衣裤、女士袜套不要露在外衣外面。女士着装还要注意不露胸、肩、背、脐、脚趾、脚跟。衣服纽扣应当扣齐,男士要检查裤子纽扣是否扣好。

第四,皮鞋要擦亮。

第五,男士头发、胡须要经常修整,鼻毛、指甲要尽量修短。

第六,参加吊唁活动一般要穿黑色服装。

第七,进入室内应把大衣、帽子、围巾、手套、雨衣、风衣、鞋套等脱下,送存衣处存放。存放前要检查衣兜,不要留存文件、笔记、钱包等物品。除非遇特殊情况且经过适当沟通,否则男士在室内不要戴帽子,也不要戴墨镜。即使在室外,遇有隆重场合,也不要戴墨镜。

第八,无论天气如何炎热,也不能当众解开纽扣,尤其是脱衣服。小型便宴中,如果主人请客人宽衣,男宾也可以脱下外衣挂在衣架或椅背上。

第九,发现仪容服饰需要整理,或者需要脱换衣服时,除非有更衣间等固定场所,否则要到洗手间整理和脱换。

2.见面礼仪

(1) 招呼礼仪

西方国家,见面时一般先说"早安""晚安""你好"等,如遇节日或庆典活动,双方见面要表示祝福或祝贺。

双方见面时,除了问好外,往往依据国家不同、民族不同、宗教信仰不同,行握手礼、拥抱礼、亲吻礼、吻手礼、双手合十礼、鞠躬礼,疫情防控常态下,也行碰肘礼。有关内容将在本章以下节次做相应介绍。

如果对方主动向你问好,自己一定要相应回答。

(2) 介绍礼仪

初次相识,一般由第三者介绍或自我介绍。

第一,介绍他人时,遵循"尊者居后"的规则安排被介绍双方的先后次序。例如,介绍女士和男士时,先介绍男士后介绍女士;介绍长者与晚辈时,先介绍晚辈后介绍长者;介绍上级与下级时,先介绍下级再介绍上级;介绍客人与主人时,先介绍主人再介绍客人,如果宾主双方不止一人,在介绍各方人员时,一般应当依照其职务、身份的具体高低,由高到低依次介绍。

第二,介绍时,要把姓名、国家、单位、身份(职务、职称等)说清楚。

第三,介绍到具体人员时,要有礼貌地以手示意,不要用手指指人,更不要用手拍打别人。

第四,自我介绍时,先介绍自己的姓名、国家、单位、身份,然后请对方做自我介绍。

如果是入座后介绍,除了女士和长者以外,被介绍者一般应当起立并向大家微笑示意,但在会议桌、宴会桌上,也可不必起立,而以微笑点头示意应答。

国际上往往在相互介绍时互换名片。

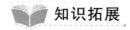 **知识拓展**

涉外称呼举例

一般地说,在涉外交往中,对男士统称先生;对已婚女性称夫人、女士,称呼地位较高、年龄较长的已婚女性夫人时,称呼之前应加上其丈夫的头衔或姓名;对未婚女性称小姐,对不了解婚姻状况的女性也可以称其小姐或女士。

具体地说,对于学位较高如博士、军衔较高如将军、技术职称较高如教授的人士,可以称呼其头衔;对于地位较高的官方人士如政府部长及以上级别的人士,可以按照其国家通行的习惯称呼其阁下、陛下(国王、王后、皇后)、殿下(王子、公主、亲王)。君主制国家的公、侯、伯、子、男等有爵位的人士,既可称呼其爵位,又可称呼其阁下或先生。社会主义国家和兄弟党人士,可称同志,有职衔的可以另加职衔。

3. 交谈礼仪

（1）讲究谈话姿态

第一,谈话以前或谈话时,要弄清楚对方身份,以便于谈话得体,有针对性。

第二,谈话时态度、表情、姿势要和蔼、自然,说话声音不可过高,不能溅出唾沫,不可用过多的手势,不大声喧哗,不放声大笑,不远距离大声喊人,不用手指指人。

第三,发现对方对自己的话有误解时,应当进一步解释清楚。

第四,不要总是自己讲话,要留给别人讲话的机会;对方发言时要注意倾听,不要随便插嘴,不要心不在焉如左顾右盼、总是看表等;如果对方讲的话自己没有弄清楚,可以请对方再讲一遍。

第五,三人以上在场时,谈话不交头接耳,不要只谈两人知道的事情,冷落其他人。

第六,如果别人在个别谈话,不要凑前旁听;如果有事需要与其交谈,应当待其说完;如果有急事找正在和别人谈话的人,应当先打招呼并表示歉意,再说需要找其交谈的急事。

（2）注意谈话内容

第一,不谈疾病等令人不愉快的事情,不谈论第三者、荒诞离奇、耸人听闻、涉黄涉毒的事情,不谈论讥笑他人的内容。

第二,不谈论涉及宗教、信仰、人权以及当事人所在国家的内政事务等敏感问题。

第三,自己不知道的事情不要随便答复,没有把握的事情不要随便许诺。

第四,万一无意中谈到对方认为敏感的问题、对方反感的问题、对方不感兴趣的问题,要巧妙转移话题,向对方说明自己的无意,甚至要表示歉意。

第五,除非必需,否则不询问对方的履历、收入等隐私,不询问女士的年龄与婚姻状况,如需询问,也要十分客气,若对方不讲,则不可追问。

4.日常言行礼仪

（1）注意公共场合形象

第一,走坐站立姿势端庄。走路时不搭肩搂腰,脚步轻而稳,遇有急事可以加快步伐,但是不可慌张;不蹲在地上等车或等人;站立时,身体不要歪在墙上或柱子上;不要坐在椅子、沙发的扶手上,坐在椅子或沙发上腿不要乱跷、摇晃,更不要把腿搭到椅子扶手上或撩起裤腿甚至脱鞋,手不能搭到邻座的椅背上;女士坐下后不要叉开双腿。

第二,公共场合不可修指甲、剔牙齿、掏鼻孔、抠鼻涕、挖耳朵、挖眼屎、搓泥垢、挠痒、打饱嗝、伸懒腰、打喷嚏、哼小调、打哈欠。万一有不好控制的动作如打喷嚏,要用纸巾等捂住嘴和鼻子,面向无人的一侧,而且要避免发出声音。

第三,进入公共场合以前,不要吃口味过重的食物,如大葱、大蒜等。必要时,可以咀嚼一点儿茶叶冲淡其气味。

（2）自觉遵守公共秩序

严格遵守交通规则,不随地吐痰,不乱扔垃圾,不在不允许抽烟的场合抽烟。

（3）尊重老人和女士

进、出大门时主动帮老人和女士开门、关门，上下楼梯时主动让老人和女士先行，根据需要帮助老人和女士提拿较重物品。

第二节　涉外陪同、宴饮与赠受礼品礼仪

在上节内容的基础上，本节介绍涉外交往礼仪中的陪同礼仪、出席宴请礼仪、宴请礼仪、西餐餐饮礼仪、赠送与接受礼品礼仪。

一、涉外陪同礼仪

鉴于有关礼仪上一节已经学习，有关礼仪下面还要介绍，这里只介绍以下陪同礼仪常识。

1.上、下车船礼仪

第一，上、下汽车，通常请客人首先上车，最后下车。关于轿车座位的安排，要清楚副驾驶后面是最尊贵的座位，其次是驾驶员后面的座位，最后是副驾驶座位。

第二，上、下火车与飞机时，应请客人先上车、登机，先下车、下机。如有必要，陪同人员也可先行一步，引导客人上车、登机。

第三，上、下轮船时，与上、下火车顺序相同。

2.道路行进礼仪

第一，并排行进。此种方式讲究以右为上或居中为上，陪同人员应当在并排行走时走在左侧或者两侧。

第二，单行行进。此种方式讲究居前为上，但是当客人不认识道路时，陪同人员可在左前方引导。

3.出入电梯礼仪

第一，进入无人管理的电梯时，陪同人员要先进入，负责开动电梯。

如果请客人先进入电梯,陪同人员要站在电梯外一侧,伸手挡住已经开了的电梯门,等客人进入电梯,自己随后及时进入电梯,负责开动电梯。

第二,进入有人管理的电梯时,要让客人先进入。

第三,出电梯时,要让客人先离开。

4.出入房间礼仪

第一,进入房间时,如果门向外开,陪同人员应当拉开房门,然后请客人先行入内;如果门向内开,陪同人员应当推开房门并进入房内,然后请客人进入房间。

第二,离开房间时,如果门向外开,陪同人员要首先出门,然后请客人离开房间;如果门向内开,陪同人员在房内将门拉开,然后请客人首先离开房间。

二、出席涉外宴请礼仪

1.接收宴请邀请

接到宴请通知后应注意以下三个方面:

第一,如果请柬中注有"R. S. V. P"即请答复字样,无论是否出席,都要及时答复;如果请柬中注有"Regrets only"即不能出席请回复字样,自己又不能出席,要及时答复;经双方口头约定,且自己答复对方出席,然后对方发来的请柬中一般标注"To remind"即备忘字样,只起提醒作用,可以不再答复。

第二,答复邀请方,可以当场答复邀请函送达人,也可以采用书面便函、电话、新媒体等形式答复。如果遇到特殊情况不能出席,尤其是主宾,应当尽早向邀请方解释、道歉,甚至亲自登门表示歉意。

第三,应邀出席宴请,要核实宴请方主人、宴请时间与地点以及宴请人员。

2.出席宴请

（1）把握好出席与退席时间

要根据活动的性质和当地习俗掌握出席与退席的时间,一般地讲,迟到、早退、逗留时间过短往往被认为是失礼。具体地讲，第一，出席时，身份高的人可以略晚到达，普通客人要略早到达。第二，退席时，要等主宾退席后其余客人陆续告辞。若确实有事需要提前退席，可在向主人说明后悄悄离席，也可以事先打好招呼，届时安静离席。

（2）举止端庄、文明

总的来讲，整个宴席过程中，都要注意尊重出席宴请者的风俗习惯，尤其是饮食习惯。

第一，入席后，如发现邻座互不相识，可以先问好，再做自我介绍，然后询问对方有关身份信息。

第二，不论是主人、陪客、宾客，都应当与同桌的人特别是自己的左右邻座交谈，而不能只和自己认识的个别人交谈。

第三，饮酒不可过量，一般掌握在自己酒量的三分之一；饮酒过程中，可以敬酒，不宜劝酒，更不能劝女士干杯；相互敬酒时注意不要交叉碰杯。

第四，对不合自己口味的菜肴不要表现出厌恶的表情；感觉菜、汤太热也不要用嘴吹，等稍凉后再吃。

第五，嘴里有食物时，要闭嘴咀嚼，不要发出明显的声音，不要说话；忌讳用啜的方式喝汤；吃西餐时，面包要掰成小块吃，黄油、果酱也应掰开后再抹；鸡和龙虾可以用手撕了吃。

第六，用手取食前有时招待员会送上柠檬片或花瓣水，这是用来洗手的，不要喝。

第七，嘴里的鱼刺、骨头等残渣不能直接向外吐，可用餐巾掩嘴取出，放在专用盘内或垃圾桶内。

第八，吃剩的饭菜，用过的餐具、牙签，都要放在盘内，不能放在餐桌上。

（3）妥善处理意外情况

第一，使用餐具时若碰出声音，可轻轻向邻座说一声"对不起"。

第二，若餐具掉落，可请招待人员另送。

第三，若酒水洒在餐桌上或者邻座等人身上，要表示歉意，并用餐巾纸等擦干。如果对方是女士，只要把干净的餐巾纸等递上即可，切忌自己手忙脚乱地帮助对方。

三、涉外宴请礼仪

1.确定规格与时间

可根据主宾的身份以及宴请的人数确定宴请规格,宴请时间一般安排在主、客双方均方便的时候,最好尊重宾客尤其是主宾的时间。

2.发送请柬或口头邀约

要注明或说明宴请时间、地点,如果地点不易找到,要注明或说明到达路线。

3.迎宾

要在客人到达前亲自或者安排人到门口迎接。

4.安排座次

安排客人坐上首,一般以主人右方为尊,但是要尊重客人的习俗。

5.安排菜品、酒水等

以当地特色为主,但是要注意尊重客人的饮食习惯,也可向客人介绍特色菜品,供其选择。

6.致辞、敬酒

一般先由主人致辞、敬酒,客人敬酒答谢。致辞和敬酒时,要暂停进餐,停止交谈,注意倾听。

四、西餐餐饮礼仪

1.座次安排及入座礼仪

在排定西餐座次时要注意四个方面。第一,遵循女士优先的原则,女主人就座主位,男主人在第二位就座,主宾靠主人就座。第二,以右为尊。第三,面门为上,背门为下。第四,交叉排列。男士和女士交叉排列,生人与熟人交叉排列。

西餐赴宴入座时要注意五个方面。第一,出席重大宴请活动的座次,要服从礼宾的安排。第二,入座以前,要预先了解自己的桌次和座次,如果餐桌上摆放有座位卡,入座时要注意按照自己的座位卡落座。第三,尽可能从座椅的左侧入座。第四,如遇邻座是身份高者、年长者、妇孺、残疾人士,应当主动礼让并根据需要协助对方入座。第五,女性如穿裙装赴宴,入座时要注意整理裙装。

2.餐具使用礼仪

第一,西餐餐具种类及摆放。西餐餐具分为刀、叉、匙(勺)、盘、杯等,吃西餐时,面前放餐盘(碟),左手边放叉,右手边放刀,盘上方放匙(勺),再上方放酒杯、水杯,从右端起依次放烈性酒杯或开胃酒杯、葡萄酒杯、啤酒杯或水杯。水杯或盘中放有餐巾。面包盘(碟)在左上方。刀叉的数目相当于菜的道数,按照上菜的顺序由外向里排列,每道菜吃完由招待员撤换盘子。

图 8-1　西餐餐具种类及摆放示例

第二,刀叉的使用。右手拿刀,左手拿叉,使用时,左手用叉固定食物,同时移动右手的刀切割食物。注意不要在餐盘上划出声音,不要用刀将食物送入口中,也不要用刀叉同时将食物送入口中,不要舔食刀上沾上的酱料。如用餐中暂时离开,要把刀、叉呈八字形摆放,尽量将柄放入餐盘内,刀口向内。用餐结束,刀口向内,叉齿向上,刀右叉左并排纵放,或者刀上叉下并排放在餐盘里。

图 8-2　西餐刀叉使用示例

第三，餐巾的使用。餐巾摆放的位置不同，其作用不同，寓意也不同。例如，将餐巾平铺于大腿上，可以防止进餐时掉落下来的菜肴、汤汁等弄脏衣服；当主人铺开餐巾时，表示用餐开始，而当主人把餐巾放在桌子上，则表示用餐结束；若中途暂时离开，要将餐巾放在本人座椅面上。此外，用餐前后餐巾也还有各种不同的用途。例如，女士进餐前，可用餐巾轻轻擦抹口部除去唇膏；用餐期间若要与人交谈，可先用餐巾轻轻擦净嘴唇；如需剔牙，要用餐巾挡住口部。

第四，餐匙的使用。餐匙用来喝汤、吃甜品，不可用餐匙直接舀取其他主食、菜肴、饮料。用餐匙喝汤、吃甜品时，只让汤匙前端入口，不可将其全部塞进嘴里。

3.品饮咖啡礼仪

第一，端咖啡杯时，右手拇指和食指捏住杯把，把杯子轻轻端起。

第二，给咖啡加糖时，先用糖夹把方糖夹到咖啡碟的近身一侧，然后再用咖啡匙把糖加入杯中。

第三，搅拌咖啡时，要轻轻地仔细搅拌，直到搅匀为止。搅拌后，要把咖啡匙放在托碟外边或者左边。

第四，品饮咖啡时要将咖啡杯轻轻端起，慢慢细饮。不可将咖啡杯下面的托碟一同端起，不能用咖啡匙舀了咖啡送入口中。

五、涉外赠送与接受礼品礼仪

1.赠送礼品礼仪

第一，礼物恰当。涉外赠送礼品是为了表示祝贺、慰问、感谢等，应当挑选具有一定纪念意义、民族特色、艺术价值的礼品，当然，要事先了解收礼人的爱好以及所在国家与民族的习俗。例如，送花时就应当考虑到花的品种、颜色、数目、寓意。最好送客人所在国的国花，花束大小应视场面大小以及相互之间的关系而定，花束数目以单数为宜，但忌讳13。

第二，讲究包装。注重礼品包装是对收礼人的尊重。礼品要用彩色纸或盒包装，然后用丝带系成漂亮的蝴蝶结或者梅花结。

第三,注意对等与平衡。送礼多数是礼尚往来,双方互赠礼物,要注意礼品规格的相互对等。此外,同时向多位客人送礼时,要讲究平衡,尤其在多方客人在场的情况下,更要注意避免厚此薄彼。

2.接受礼品礼仪

当接受外方客人的礼品时,要用双手恭敬地接过礼品,并表示感谢。还可以打开礼品包装,对礼品欣赏并赞美一番,以表达自己对于礼品的喜欢,让客人高兴。

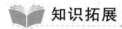 **知识拓展**

出席晚会礼仪

出席晚会时,要按照参加隆重、高雅活动的标准穿戴服饰、整理仪表。要稍微提前入场,迟到者只能在幕间进入。

晚会进行过程中,不得在场地内吸烟、嗑瓜子、吃零食,不得在场地内随便走动。不能随便谈话,不能打瞌睡,应尽量避免咳嗽、打哈欠。如果有翻译,声音要轻。

演出进行过程中,对自己喜欢的节目也不要鼓掌、叫好,对自己不喜欢的节目也不应表现出不满意或失望。节目结束,除非有政治、立场问题,一般都要报以掌声。

晚会结束,要按秩序退场。

第三节　有关国家礼仪禁忌

国家不同、民族不同、宗教信仰不同,礼仪习俗往往也不同。本节简要介绍世界五大洲有关国家礼仪禁忌,供大家参考。

一、亚洲有关国家礼仪禁忌

1.日本礼仪有关禁忌

日本人的习俗中,奇数表示"阳""吉",偶数表示"阴""凶",但是9因为和日语的"苦"发音相同,所以也要避讳。

日本人认为紫色代表悲伤,绿色寓意不祥,荷花为丧花。探望病人时,忌讳用山茶花及淡黄色、白色的花。

日本人忌讳在人前咀嚼口香糖。进入日本住宅时,必须脱鞋。去日本人家中做客时,窥视厨房是不礼貌的行为。

在日本,盛装结婚贺礼的容器要空着退回,忌讳放东西。

2.韩国礼仪有关禁忌

在韩国,数字4与"死"发音相同,被认为是不吉利的,所以,楼房没有4号楼,旅馆没有第4层,医院没有4号病房,宴会不设第4桌,吃东西不吃4盘4碗,喝酒不喝4杯。喜庆场合和节日期间,说话要避免说出4以及与其发音相同的"私""师""事"等字。

3.泰国礼仪有关禁忌

进入泰国人的家中要脱鞋,且不能踩门槛。泰国人习惯席地而坐,家里一般不设座椅。坐姿是小腿着地,屁股坐在小腿上,不可露出脚底;从坐着的人面前走过时,要略微躬身,表示礼貌。如果在椅子或者沙发上就座,绝对不能用脚尖撞人或者指人。

与许多东南亚国家一样,泰国人认为人的头部最为神圣。孩子的头,除了国王、高僧、父母外,外人不得触摸;理发师在给人理发以前,要说声对不起,然后才开始理发。向人传递东西时,切勿越过他人头顶。

与许多君主制国家一样,泰国王室地位尊贵,国王和王后非常受人尊崇和敬重。除了泰国国王,任何人都不得触及泰国王后。

二、欧洲有关国家礼仪禁忌

1.德国礼仪有关禁忌

与德国人握手,多人握手时忌讳交叉握手;与德国人交谈不能涉及纳粹、宗教、党派之争的话题,纳粹行礼方式及其代表符号也在禁止之列;在公共场所窃窃私语属于失礼行为;德国人用餐时忌食核桃,他们认为核桃容易令人联想起人类的大脑,使人不快;德国人忌讳茶色、黑色、红色、深蓝色,厌恶数字"13""666""星期五"。

2.意大利礼仪有关禁忌

与意大利人谈话,不能涉及美式橄榄球和政治,忌讳用食指指着对方,尤其是讲对方听不懂的语言;意大利人忌讳别人盯着他们看,认为盯视他人是对人的不尊重,可能还有不良企图;意大利人在与不认识的人打交道时,忌讳用食指侧面碰击额头,认为这是在骂人"笨蛋""傻瓜";在参加宴会和乘坐交通工具包括电梯等公共社交场合,不能在女士之前进餐、出入;和许多欧洲国家一样,意大利人也忌讳"13""星期五"。

3.英国礼仪有关禁忌

英国人非常讲究秩序,即使只有两三个人等着办理某件事,插队也被认为不文明行为;英国人忌讳戴着帽子与人握手;忌讳与人谈论个人的年龄、婚姻、职业、收入、宗教信仰以及私事、家事,也不以王室隐私为谈资;忌讳在公共场合打喷嚏;认为购物砍价是丢面子的事情;通常象征胜利的"V"状手势,若手心朝向内则是蔑视他人的恶意手势。

英国人忌讳白象、猫头鹰、孔雀商标图案,认为流感是重病。

英国人忌讳非工作时间进行公务活动,忌讳就餐时谈论公事。

和许多欧洲国家一样,英国人也忌讳"13""星期五"。

4.法国礼仪有关禁忌

法国人性格爽朗、幽默、浪漫,善于辩论,好开玩笑,不喜欢沉默寡言、愁眉苦脸的人。

法国人喜欢用手语表达感情、与人交流,但是他们的手语和我们有许多不同之处。例如,"OK"在法国南部表示零或不值钱;把拇指放在鼻子上表示可悲或者可恶;拇指朝下表示坏、差;拍两只手的手指表示庸俗;飞吻意味着漂亮。

法国人初次见面不送礼,否则被认为粗鲁。法国人送礼讲究较多。第一,日常以花为礼,只送单支;除了表达爱情外,不能送红色花朵,也忌讳送菊花、康乃馨等黄色的花,认为黄色花朵象征不忠诚,菊花、杜鹃花适用于丧葬仪式且花枝要为双数。第二,香水只送给亲密朋友。第三,不送刀、剑、剪等有利刃的礼物,否则被认为有割断双方关系之嫌。第四,接受礼品如不当面打开,是失礼行为。

法国人认为核桃为不祥之物,认为黑桃图案不吉利。

和许多欧洲国家一样,法国人也忌讳"13""星期五",认为这个数字和时间暗藏凶险。

5.俄罗斯礼仪有关禁忌

与俄罗斯人握手,多人握手时忌讳交叉形成十字;隔着门槛不可与人握手、交谈。赠送俄罗斯人礼品,忌讳赠送刀、叉等带有利刃或者齿状的物品以及手帕;把金钱当作礼品送人,会被对方认为是侮辱其人格。过分赞美某人,会让其感到虚伪或者居心叵测;恭维他人身体保养得好,容易让人感到不快。他们忌讳提前祝贺他人生日。俄罗斯人把镜子视为神圣物品,打碎镜子意味着个人生活将出现疾病和灾难。

三、非洲——南非礼仪有关禁忌

南非人性格直爽,与人交谈喜欢直来直去,过分委婉或者兜圈子会让他们生厌。但是,在南非与人交谈,有些话题不宜涉及。例如,不要为白人评功摆好;不要评论黑人部族或派别之间的关系与矛盾;不能有对其祖先失敬的言行,不能非议黑人的古老习俗和传统;不要为对方生了男孩表示祝贺;negro 和 black 是禁语。此外,与南非人交往,不可瞪眼看人,这意味着被看的人可能灾祸将至,甚至死神要找上他。

在南非,对行李搬运工、出租车司机、导游、翻译、大巴司机、餐馆服务员、停车场保安、加油站工人等通常要支付小费。小费没有固定标准,因事因人而异。例如,在餐馆用餐,除了餐费,一般支付 10%～15% 的小费;机场、车站、旅馆等地的搬运工搬运行李,小费约为每件行李 10 兰特;停车场保安小费最少 2 兰特。

在南非野生动物区游览,不穿白色和颜色鲜艳的服装,适宜穿戴土黄色、米色等中性颜色的服装。在南非,人、房屋、家畜一律不准拍照。如实在想拍照,要事先向有关人员打招呼,征得允许后再拍。

南非人也忌讳"13"和"星期五"。

？思考与讨论

通过查找资料,说说在南非为什么 negro 和 black 是禁语,为什么人、房屋、家畜一律不准拍照。

四、美洲有关国家礼仪禁忌

1.美国礼仪有关禁忌

在美国,收入、年龄、婚恋、健康、籍贯、学历、住址、种族、血型、星座、个人性取向、宗教信仰、竞选中投票等,都被看作个人隐私,冒昧问及这些问题,不但失礼,而且有干涉他人隐私之嫌。

美国社会竞争激烈,不同情弱者,忌讳别人说自己老,在地铁、公交车上给老年人让座反而会招致老人不满。

美国人也忌讳"13"和"星期五"。

2.加拿大礼仪有关禁忌

加拿大人大多数信奉基督新教和罗马天主教,少数信奉犹太教和东正教。

加拿大人在饮食上忌讳吃虾酱、鱼露、腐乳和臭豆腐等有怪味和腥味的食品,也不喜欢吃辣味菜肴。

加拿大人平常忌讳白色的百合花,习惯用它来悼念逝者。加拿大女士有美容化妆的习惯,不喜欢别人送擦脸的香巾。加拿大人不喜欢外人把他们的国家和美国进行比较,尤其是拿美国的优越方面与他们相比。

加拿大人也和许多欧美人一样,忌讳"13"和"星期五"。

五、大洋洲有关国家礼仪禁忌

1.澳大利亚礼仪有关禁忌

澳大利亚社会讲求平等,不喜欢以命令的口气指使别人,忌讳自谦等客套言辞,认为这是虚伪、无能或看不起别人;他们公私分明,与之交往不可徇私;不要在周日与澳大利亚人约会。

澳大利亚人忌讳谈论种族、宗教、工会、等级、地位等,以及有关个人问题;多数澳大利亚男士感性不外露,不喜欢紧紧拥抱或握住对方双肩等亲密动作;在澳大利亚,公共场合隔门喊人是失态、失礼的行为;对人眨眼,尤其是对女士眨眼,被认为是极不礼貌的行为。

在澳大利亚,购物不可讨价还价;乘坐出租车时一定要系好安全带,否则属于违法行为。

澳大利亚人不吃狗肉、蛇肉,动物内脏、头、爪;忌讳兔子,认为兔子是不吉利的动物。

同许多欧美国家人一样,澳大利亚人也忌讳"13"和"星期五"。

2.新西兰礼仪有关禁忌

新西兰人注重隐私权,奉行"不干涉他人事务"。根据法令,新西兰人应聘时不必提供有关个人隐私性资料,如生日、婚姻、健康以及家人数量等;平时不说他人坏话,对他人的政治及宗教信仰等不闻不问;当众闲聊、嚼口香糖、吃东西、喝水、剔牙等,均被视为不文明行为,所有室内公共场所均不得吸烟;新西兰人不喜欢用"V"形手势表示胜利。

新西兰车辆靠左边行驶,人行道中间有一条分割线,行人靠左边走;旅馆、饭馆不另收服务费,乘出租车不必付小费。

新西兰重视未成年人保护,法律规定很严。

思考与练习

1.涉外交往礼仪主要遵循哪些原则?

2.涉外介绍礼仪主要包括哪几个方面?

3.涉外交谈过程中,关于交谈内容应当注意哪些方面?

4.陪同外宾进出房间应当讲究哪些礼仪?

5.举例说明处理涉外宴席中几种意外情况的方法。

6.涉外宴请礼仪包括哪几个方面?

7.为什么许多欧洲、美洲甚至大洋洲国家的人不喜欢"13"，厌恶"星期五"？

8.阅读下面的案例，说说从中体会到的周总理在外交礼节方面的睿智。

1972年2月，当时的美国总统尼克松访华，周总理提前到机场迎接尼克松总统。为了突出尼克松总统和他的夫人，美方安排陪同访问的基辛格、罗杰斯等人在尼克松总统下机且与周总理握手以后再下旋梯。

在尼克松总统步出机舱，走下旋梯一半时，周总理带头鼓起掌来，尼克松总统也报之以掌声。

在欢迎宴会上，周总理精心安排乐队演奏了美国民歌和尼克松家乡的歌曲《美丽的亚美利亚》《牧场上的家》，让尼克松总统夫妇感到非常亲切。在向尼克松敬酒时，周总理特意改变了平时让自己酒杯上沿去碰对方杯子中间部分的讲究习惯，将自己的酒杯杯沿和尼克松总统的酒杯杯沿持平后再碰杯。

9.联系一家西餐厅，现场学习西餐摆台。

参 考 文 献

[1] 中华人民共和国教育部.幼儿园教育指导纲要(试行).2001-08-01.

[2] 中华人民共和国教育部.幼儿园工作规程.2016-01-05.

[3] 中华人民共和国教育部.幼儿园教师专业标准(试行).2012-02-10.

[4] 中华人民共和国教育部.幼儿园园长专业标准.2015-01-12.

[5] 中华人民共和国教育部.3—6岁儿童学习与发展指南.2012-10-09.

[6] 潘华.幼儿教师礼仪.南京:南京师范大学出版社,2016.

[7] 肖淑梅.幼儿教师礼仪.长春:吉林大学出版社,2016.

[8] 杜克生.职业指导.北京:中国劳动社会保障出版社,2017.

[9] 公安部国际合作局.公安机关常用出国办案目的地礼仪风俗.北京:中国人民公安大学出版社,2018.

[10] 沈淑明,丁仁富.幼儿教师职业礼仪.2版.北京:人民邮电出版社,2019.

[11] 杨青,刘佳,张晓羽.幼儿教师礼仪训练教程.北京:人民邮电出版社,2019.